新管理——策略 01

六十秒 人生危機管理

美國911危機管理啟示錄

彭思舟　策畫
羅振軒　撰寫

匡邦文化事業有限公司

DR05-0 磁X

目錄

第一章 不定時的危機炸彈——就在你身邊
失去丈夫的 Mendoza 008
幸與不幸，真的是天注定？ 011
人生危機管理與防範 013
第二章 沒有一觸即發的危機
五十年前就種下911的惡果 018

認識恐怖分子 033
911危機前失靈的偵測系統 041
找不到敵人的新珍珠港事變 049

第三章　美國911危機處理啓示

控制影響範圍以減少損失 055
民氣可用 060
敵人的敵人是我的朋友 065
危機策略首重合法性 069
鎖定危機的根源 071
美國一言堂式的公關文化 076

第四章　美國領導者的危機管理能力

總統布希的危機總動員　082
紐約市長創造政治生命第二春　089
美國坐鎮指揮的辦公室文化和台灣的走動式管理　093
美國聯邦危機管理局的危機處理　095

第五章　小心自己的危機變成別人的轉機

小心從危機中得利的狐狸　108
美國持續潛伏的危機　113
戰略成功比戰術勝利重要　123

第六章　人類危機的原始根源
無限正義？ 139
笨得像頭豬的阿富汗 142
第七章　人生危機管理教戰手冊
以別人的危機為教訓 148
以「非平常心」處理危機 151
累積危機管理的資本 153
建立危機管理的機制 155

第一章

不定時的危機炸彈——就在你身邊

失去丈夫的 Mendoza

危機就像一顆顆的炸彈，隨時充斥在我們的四周。今天任誰也沒有把握，自己會不會遇到突如其來的意外。

如果，人生有重新選擇的機會，墨西哥籍的 Mendoza，絕對不會選擇讓她的丈夫到美國工作。直到現在，她還在等著在美國９１１事件失蹤丈夫的消息。

她的丈夫在去年好不容易通過層層的關卡，經過幾天的折騰後，才順利非法入境，投靠在紐約生活的朋友。然後，他找到在世貿大樓內一份送外賣的工作，勤奮的工作態度總是讓他得到不錯的小費，他也不斷地把錢寄回遠在墨西哥中部的妻兒。

她丈夫每天晚上會固定打電話回家報平安，但是自從９１１紐約世貿大廈爆炸案發生後，就再也沒有打電話回家了。

Mendoza接到她丈夫在紐約朋友打來的電話，這位朋友表示，他在事發當時，曾接到一通她丈夫語氣驚恐的電話，但沒多久就斷了線，從此音訊全無。

Mendoza並沒有放棄希望，美國政府幫助她申請簽證，墨西哥州政府也資助一千美元充當旅費，她親自飛往人生地不熟的紐約，去尋找丈夫的下落。

其實，Mendoza的丈夫在決定從墨西哥偷渡到美國的那一夜，就注定了他走向死亡的不歸路。但是優渥薪水，卻讓他自認是最幸運的非法移民，而在世貿大樓中喪生的美國人，又何嘗不是這樣想呢？

這些精英中的精英，在人生旅程上一定是有豐富的學識和顯赫的經歷，才能獲得萬中選一在世貿大樓的明星機構中上班的機會。但這些精英分子從來沒有想過，死亡的大門已爲他們而開，而那些在求職工作中碰壁無緣進入世貿工作的人，才是生存遊戲下的優勝者。

Joan 的兩支愛爾蘭戒指

Joan 的丈夫 Liam 是個紐約市警察，自從世貿大樓崩塌後，就再也沒有回家了。

前幾天，她買了兩個愛爾蘭戒指，慶祝他們二十週年紀念日，這兩個特別訂做的戒指，象徵著她還沒放棄的希望。

現在，Joan 必須獨自照顧四個小孩，當他們去教堂參加爲 Liam 舉辦的追悼會時，她的十歲小孩 James 告訴她：

「Mom, I've got to go home. I can't do this.」

如果，她的丈夫不是臨時和別人調班，現在也不會遭逢不幸。

人生中就是因爲有無數的如果，才會留下無數的悔恨。

幸與不幸，真的是天注定？

從上面的兩則故事，我們可以感受到人生的無常，而且在危機發生的時刻，優勝劣敗已無法用常理去判斷，人生幸與不幸，是否眞的是天生注定？危機是否眞的是無法預防與管理呢？

我有幾個國中時被編在放牛班的朋友，經過發憤圖強後，一路順利完成學業並赴美留學，並取得博士學位；我也有一些唸所謂明星高中的同學，卻因爲年少貪玩，學歷永遠佇留在高中，連大學的邊都沾不上。

但是，這些風風光光順利完成學業的博士們，各個都已過了適婚年齡，卻還是兩手空空，房子、車子、孩子、妻子什麼都沒有，而那些沒考上大學，在社會歷練打滾多年的朋友卻都已成家立業。

所以，如何去判斷誰贏誰輸呢？

每一段旅程，都是一場新的人生競技，贏了一場並不代表下一場也會贏，輸一場也不代表下一場會輸。

記得家父在我沒考上理想大學時，曾對我說：

「人生是一段段的百米賽跑，跌倒了爬起來，再跑。沉浸在過去的失敗中，還不如邁開腳步，朝下一個目標邁進。」

《阿甘正傳》裡，也有一句類似的話，阿甘的母親並不因爲早年失夫的痛楚和阿甘的智能不足而氣餒，反而一再的安慰阿甘說：

「人生就像是一盒巧克力，你永遠不知道裡面是什麼口味。」(Life is like a box of chocolate. You never know what you're going to get.)

人生危機管理與防範

所謂「危機」的定義，需要具備「時間緊迫、威脅、不確定及雙面效果」四種的特性。

而人生的危機，舉例而言，就像我這樣到了三十歲的年紀，轟轟烈烈的愛情與像樣的大事都還沒做過，卻已初步感受到歲月緊迫流逝的無情。另一方面，我卻還得面對優秀同儕已經逐步竄出頭的威脅壓力，再加上對未來又感到充滿不確定性，甚至會開始懷疑自己是否與成功無緣的徬徨心境。

但卻又總是在午夜夢迴、輾轉難眠時，越想越不甘心，然後自己告訴自己，危機就是「危險加轉機」，要把握最後青春活力的尾巴，只能再拚一次，突破困境爲順境（也就是所謂危機的「雙面效果性」）。

不過，危機也是有階段性的，它並不會在一朝一夕之間形成，而是經年累月，累積發酵後的結果。

大部分的危機都可以分爲「潛伏期」、「爆發期」、「影響期」及「解決期」。

在「潛伏期」期間的危機，就像流動的炸藥庫流動在我們四周，但這些炸藥庫都會不斷的放出訊息。如果我們能在此時適時察覺而提供管道加以渲洩，則能以高明的處理方式，讓危機能化險爲夷，轉危爲安。但如果我們視而不見、聽而不聞，那麼等到這些火藥庫找到導火線及火柴時，就爲時已晚、大勢已去。而我們所能做的危機管理，就只剩下危機爆發後的「危機控制」及「危機隔離」了。

換言之，危機在「潛伏期」的階段，是可以被偵測與預防的。但這有賴於我們管理危機時，「危機預測的情境分析」資料是否充足。

危機偵測的資料越充足，就代表根據模擬危機的「應變方案」越精準，越可以在事前得到有效的預防。因爲眞正高竿的化解危機方法，絕對不是危機爆發時的處理，而是如何防範於未然，當危機形成的火種正悄悄的燃燒之時，如果能先行一步展開應對措施，分析危機形成的前因後果，而加以疏導、預防，自然能消弭危機於無形。

這次美國爆發的911事件，不僅是造成超過五千多條人命的損失，對全球經濟的影響，更是難以估計。曾有日本媒體報導，因爲911事件，全球股市總產值共下跌了十萬億美金。但這項危機，其實早在多年前就已經種下了因果。

我們藉由審視這次美國911事件爆發後，美國政府對危機的管理，希望帶給讀者在人生面臨危機管理時一些啓發與經驗。

第二章

沒有一觸即發的危機

五十年前就種下９１１的惡果

所謂「危機」，是表示不確定，不僅時間難以捉摸，沒有人能夠預先得知，而在何時、何地，危機以何種方式出現，也很難預測。此次的９１１事件，就是屬於標準的危機。

９１１危機的種子，可能是在數十年前就種下的，也可能是過去數年間反美國家對美國一連串外交政策的不滿而導致的。

要知道，恐怖分子將恐怖手段視為一種「聖戰」，「聖戰」是指無止盡的戰爭，而且會進行道具有回教意識形態的組織認為戰勝了為止。就算參與其中的恐怖分子受到趕盡殺絕，還是會有更多的恐怖分子群起效尤、取而代之，把恐怖手段更加提昇到另一個層次，讓這些受到恐怖分子無情攻擊的國家，灰頭土臉、疲於奔命。

美國信奉的霸權主義

現今的美國已儼然成爲全球之首，尤其在九〇年代之後，美國經濟實體超越歐、日等大經濟體，更結合了軍事、外交、政治上的優勢，爲其奠立國際霸主的地位和仲裁者的角色。而蘇聯和東歐等共產國的灰飛煙滅，以及日本的經濟泡沫化，讓美國霸權的地位更加鞏固。

自從人類建立文明世界以來，美國是第一個能在各方面皆保持絕對優勢的國家，其軍力遍佈全世界，在回教的中心聖地——阿拉伯，美軍有數個軍事基地，更別說是在巴林和由美軍從伊拉克手中奪回的科威特了。

再看亞洲地區，美軍長期駐紮的日本和南韓兩國。日本受限於二次世界大戰和所訂立的條約，無法擴張武力，只能建立自衛隊承擔部分的軍事任務，其餘的只能仰賴美國的武力。

在戰期間的歐洲，美國與北約等國結盟，在其會員憲章中明確指出，一旦其中之一國遭受非合約國武力侵襲，其他國家必須視同本國遭受侵略而有義務出兵相助。而在其武力範圍無法所及之國家，美國也以外交和海外情報局暗中以經援或武器輸出等政策暗助親美政權，並剷除與美唱反調之政權，來鞏固其自身之利益。

例如，美軍入侵索馬利亞就是要除掉反美的軍閥。在老布希執政期間，美軍曾入侵巴拿馬捉拿反美的諾瑞加回美受審，至今諾瑞加還被關在佛羅里達州的監獄裡。

然而，更具有毀滅性威力的，並不是美國的軍事和外交，而是披著經濟自由大旗的文化侵略。美國人穿著、電影、用品、飲食習慣，已經悄悄的滲入全世界的消費網中，已然建構了一種唯美國品牌不用的消費認同感。

以美國的可樂文化爲例，將可樂倒在一個水杯之中，可樂不過是一杯苦澀刺鼻的藥水罷了，但是，若再加上美式風格的包裝，可樂代表的便是對美國文化的認同感，雖然無法身爲美國人，但對美國生活富強安樂的憧憬，卻立即反映在消費者的選擇上。

一樣是咖啡，美國的最好喝嗎？

再以近年來進入台灣市場 Starbucks 爲例，雖然喝咖啡在美國就像喝開水一樣的普遍，美國人習慣一天喝上好幾杯咖啡提神，但 Starbucks 在台灣的價格，卻貴得讓人不感恭維。雖然價格是和美國的 Starbucks 一樣，但是以國民所得來計算，台灣 Starbucks 的價錢卻是美國的兩倍，甚至到二點五倍。

以台灣的人工比較便宜之下的 Starbucks，爲何會賣得比較貴呢？簡單的來說，這是一種崇美、哈美的心態在作祟，一杯咖啡能讓人買到對美國文化的認同感和自認不同凡響的優越感，即使賣得再貴，其實都還有人認爲是便宜呢！

消失的愛爾蘭電影

挾帶著資金優勢，善於製造明星和話題的好萊塢，更是美國強勢文化的縮影。

記得我在去年暑假和美國同學在北愛爾蘭首都進修學分時，在一個細雨紛飛的夜晚，大家閒極無聊相約去看電影，我天眞得以爲我們要去看一場道地的愛爾蘭電影，到了電影院才發覺，所有的電影劇照，清一色都是美國電影，當時我在心中爲愛爾蘭電影的沒落感到相當扼腕和嘆息。原來英文系、非美國的電影，早就被好萊塢商業通俗的浪潮所淹沒。

台灣的電影又何嘗不是如此呢？

電影院早就不播台灣本土的電影，台灣土產的電影要到別國的影展去鍍金，好像是非得要出了國，被外國人肯定的電影，才上得了檯面、才會賣錢。觀眾口味的取捨，是這些電影必須飄洋過海四處參展的主因，因爲觀眾已經習慣了美國的通俗電影，他們寧願花兩百多塊錢去看一部好萊塢的大爛片，也不願意看一部有深度的台灣本土電影。

但並不是所有的國家都放任美國文化橫行無阻，在法國，憤怒的民眾搗毀麥當勞等美國速食店，以抗議美國速食文化對法國精緻美食文化的排擠效應。在保守國回教國家，回教政府及長老以更嚴苛的教條以及經過狹義解釋的可蘭經，來反抗西方文化的入侵。

美國的獨霸超強，也招致樹大招風的後果，美國人不只成爲恐怖分子的頭號目標，也成爲小販們敲竹槓的對象。

記得我在離美赴歐展開爲期兩個月的海外修課時，我們的教授千叮嚀、萬囑咐，要我們千萬要小心自己的安全和荷包。因爲富強的美國，已經給了全世界一個富大爺的印象，歐洲人如果沒有趁此機會敲敲這些千金大哥大爺們的竹槓，那豈不是讓到手的肥羊跑了？

美國、以色列 V.S. 巴勒斯坦 ＝ 危機

恐怖分子更是以狙殺美國人爲樂。濫殺無辜，固然天理不容，但若細究其原因，恐怖主義是在遭受迫害無力反抗，所衍生的絕望、狗急跳牆下的產物。越是無力抗拒大國侵凌的地區，越是恐怖主義滋生的溫床。恐怖主義也隨著美國旭日東昇的發展，而受到灌溉滋潤而成長茁壯。

若以恐怖行動的凶狠程度來比較，那就是巴勒斯坦的恐怖分子最令人聞之喪膽了。巴解的強悍和執行恐怖行動的決心，絕對可以和日本的神風特攻隊相比擬。但巴勒斯坦的恐怖手段就是根植在民眾國土被奪建國無望的徹底絕望之中，被攻擊的受難者雖爲無辜，但事實上，巴勒斯坦也是無辜受害的流浪民族，當以色列以復國的名義在他們的國土上建立國家，並挾歐美富足的資本和武力擊潰阿拉伯聯軍之時，就注定巴解走上恐怖主義的絕路。

在歷史上趕走以色列人的，並不是巴勒斯坦，而是埃及人。但是強悍的以色列在乎的只是奪回三千年之前的失土，並不在意他的復國行動會造成多少無辜巴勒斯坦人的流離失所。我們也可以由歷史中看到美國一貫的親以政策。

而百分之六十經營權爲猶太人控制的美國媒體，更是一面倒的支持以色列，如果以色列出兵鎮壓巴勒斯坦，或是轟炸周圍各國，即使是造成死傷慘重，美國媒體也將其視爲堂堂正正的軍事行動。

如果巴勒斯坦人以炸彈攻擊一個市集或是軍事據點，就會被人視爲恐怖行動。美國包庇以色列、仇視巴勒斯坦人的態度，看在阿拉伯國家的眼裡，想要不成爲他們報復行動的對象，還似乎是不可能的。

恐怖分子和美國的衝突，其實早在五十年前以色列復國的那一刻起就埋下了種子。

對這個潛伏醞釀的危機，並非無法適時的舒導，只是擺盪於孤立主義和干預主義的美國，並無意願也無決心去面對這些夾雜著種族、地域、宗教和意識形態的問題，畢竟習慣於西線無戰事、承平以久的美國人，對於遠在地球另一端的棘手問題，只能冷眼旁觀了。

美國獨善其身的孤立主義

美國孤立主義盛行的程度，眞是到了令人瞠目結舌的地步。

我在校時曾與一位老先生有一段深度的交談，這位老先生固定每禮拜日上午造訪我打工的圖書館，每個禮拜碰面時，我們總會聊聊時事近況，他主張美國應立即撤回各地駐軍，停止干預各國事務，並停止接受各國移民申請，因爲美國地大物博且資源豐富，人力不予匱乏，本身就是一個世外桃源，何必管外國的風風雨雨呢？

並且他還指出，一、二次世界大戰時，美國的參戰就是一項錯誤的決定，因爲參戰就必須投入大量軍資、人力，甚至損兵折將。況且當初美國人就是爲躲避戰火頻仍的歐洲才逃到美國，歐洲的自相殘殺又憑什麼要美國去save their ass？

這種反全球化潮流的言論，並不足以代表美國的主流看法，但卻也反映了一部分（也許是一大部分美國人）對涉外事務的心態。

美國前國務卿季辛吉就曾說，要美國人關心對街的事物就很難了，更何況是遠在天邊的國際事務！

美國援助哥倫比亞的盲點

我在課堂上，曾和教授討論美國民眾對新聞敏感度的問題，有許多報告指出美國民眾的注意力大多放在與自家社區，城市有關的新聞事件上，全國性新聞次之，而對有關國際事件的新聞敏感度則是接近漠不關心，可見美國孤立主義的盛行超過一般人的預期。

我也曾經參加一位美聯社駐拉丁美洲記者主持的座談會（How to be a foreign correspondent），那個挺著一個啤酒肚的大鬍子記者，就提出美國新聞界漠視國外新聞的做法，曾讓他大嘆不如歸去。

他做過一篇有關哥倫比亞地區的深度報導指出，由於受到美國支助哥倫比亞反毒的影響，哥國的農民被迫放棄種植一向是哥國農民主要經濟作物的農產品（海洛因）。

但是哥國政府和經援哥國反毒的美國，卻沒有對農民的出路做適當的安排，反而把農民逼得走上絕路，農民只好被迫倒向哥國反抗軍，加入毒販的農品行銷網，而美國所投入的大量資金，也在治標不治本的情況下無法達成既定的目標。

但有深度並對美國政府有切身影響的新聞，卻因爲稿擠而上不了美國報紙的版面，發揮不了監督政府改變政策的作用。

哥國農民在被斷了生路而不知何去何從時，會把胸氣中怨氣出在誰的身上？是在他們絕望之餘投靠的哥國反抗軍，還是遠在天邊切斷他們生路的美國政府？

如果這些農民接受軍事訓練並發願從事復仇行動，如果美國傳媒無法將農民的困境反映於主流社會，而主流社會又因孤立主義而不加以回應，豈不是美國又種下無數恐怖行動的種子？而這些種子發芽生長，危機當然也會隨之而來。

布希處處點火的牛仔外交

自從小布希上台之後，處處點火的牛仔外交政策遭受到多方抨擊，連美國一些忠實的盟國也紛紛對美國表示不滿。

首先，美國三番兩次不顧各國反對聲浪揚言退出京都協議，各國也不顧美國的顏面，簽下企圖控制溫室效應的京都協議書。

儘管美國聲稱京都協議和其國家利益背道而馳，因而退出合約國家，但是，美國是最沒有資格宣佈退出的國家。

美國濫用能源的「新能危機」

我在美擔任記者時，曾報導過一篇關於冬季燃料用油的文章，在採訪前收集資料時，驚覺美國竟然每年消耗掉世界百分之二十五的燃料，而美國的人口卻只佔世界的百分之四點八。這種高度的落差令人無法理解。

歸究其高燃料消耗率之原因，爲美國自從三厘島核子擴散事件之後，即停止興建核能發電廠，而不足的能源只好以燃煤及天然氣爲動力的火力發電廠來支撐，其中新增電廠以燃煤爲動力居多，因爲煤的價格較爲便宜，但是煤經燃燒之後所釋放的二氧化碳及硫化物即爲造成溫室效應之原兇。

而溫室效應所造成的氣侯變化及海水上升，並不會因爲按照國家消耗能源而依照比例選擇性地發生，而是一視同仁地在世界各地肆虐。

先進的國家有各項科技及資本來因應善後，但貧窮落後的第三世界並沒有享受到經濟全球化的成果，卻反而要在溫室效應肆虐的情形下同受災難。

另一個造成美國高燃料消耗的原因，則是其汽車文化。美國近年來休旅車盛行熱賣，這些休旅車耗油量高達普通小客車的一點五倍到兩倍。

而且美國由於大部分的地區人口稀少，大眾運輸系統無法發揮功效，所以人手一車，自然造成美國的燃料需求增高。

再則，美國工業發達，這些工業的用油量隨著工業的擴張而增加，爲了維持這些工業命脈，乃是美國考慮退出京都協議的主要原因。

飛彈防禦系統等於是潛伏的第三次世界大戰

美國致力於發展ＮＭＤ飛彈防禦系統的決定，也受到國際反對浪潮的巨大反擊，自二次世界大戰以來，以全世界的彊土國邦甚少有劇烈變動之因即爲核武下脆弱的戰略平衡，這個戰略平衡一旦被打破，動亂災禍也可能由此產生。

美國一再聲稱，飛彈只是用來對付一些流氓國家（rough counties），一旦其中一個國家有了矛（核子彈頭）與防禦的盾（NMD），那麼維持和平的戰略平衡也就在無形中被打破了，新的武器競賽也將應運而生。

蘇聯和中共就揚言要生產更多的核子彈頭來反制美國的飛彈防禦系統，與中共為鄰的印度也為因應中共核子武力的擴張而意圖提升核子戰力，而印度的死對頭——巴勒斯坦不甘示弱，也會擴張武力來反擊。

美國密西根州的參議員 Carl Levin 就曾在二〇〇一年五月九日的 Detroit News 上發表文章，反對飛彈防禦系統的建構，並擔心此計畫會造成二十一世紀的新冷戰（Cold War II）。他對布希宣稱要和盟國商量，卻又下定決心建購防禦系統的兩面做法，感到頗不以為然。他說：

「我們一直強調如何防止從國外發射的飛彈，在戰略上卻忽略了在自家內更有可能發生的危機。」

（By focusing so intently on the remote chance of a missile launch from abroad, we risk developing a case of strategic near-sightedness in which we fail to see and defend against these more likely threats at home.)

但是布希的態度並沒有因國內外的反對聲浪而有所轉變，反而一意孤行往建構飛彈防禦系統的路子走去，更反映出美國國際政策和各國期待的落差。

很不幸地，這位參議員的見解，竟然一語成讖，美國把大部分的注意力放在如何防止遠方敵人的飛彈攻擊，卻忘了國內迫切的危機，以致遭受到如五十餘年前珍珠港事變翻版的恐佈攻擊。

五十年前日本的奇襲，喚醒了美國這一隻睡獅，而日本以戰敗收場。五十年後的今天，這隻睡獅醒了，卻搞不清楚到底是誰踢了它一腳。

認識「恐怖分子」

中國歷史上的頭號恐怖分子

我們現在口中的恐怖分子，隨著環境、角度、歷史與時代的推移，在世界上另外一群人的眼裡，卻可能是個大英雄。

舉凡恐怖分子，就是以恐怖手段去逼迫強大的敵人，讓他們在正常狀態下做出不願做的事。

春秋時代的曹沫，可能就是中國歷史上第一個恐怖分子。曹沫是魯莊公手下一員猛將，其力大超眾，爲欣賞武勇的魯莊公賞識而被拔擢爲將，但佈兵列陣之事並非只具勇猛之才的人所能擔任。曹沫在與齊對陣的戰場上雖衝鋒陷陣勇往直前，但是卻屢戰屢敗、屢敗屢戰。魯莊公面臨困局也只好以割地求和來收拾他留下的爛攤子。

某日，齊桓公與魯莊公在柯相約洽談會盟一事。曹沫出奇不意，以一堂堂大將之身分衝上階梯，在眾目睽睽之下持匕首挾持齊桓公，齊桓公的近身持衛爲避免桓公受傷而不敢有所行動。曹沫立即要求桓公歸還過去侵魯所佔領的城池，因爲魯國過去飽受齊國武力欺凌，唯一因應之道只是劃地求和，已漸漸被逼到亡國滅種的邊緣。

齊桓公礙於形勢只好虛以委蛇地勉強答應。曹沫一聽桓公的應許之言，馬上放下匕首，下階梯回到群臣站立的行列中，並和群臣談笑風生，好像剛才的一切，都沒有發生過似的。

齊桓公看到曹沫神色自若、毫無悔意的樣子，氣得七竅生煙，也想要把他的應許之言當作沒發生過。

桓公身旁的賢相管仲，馬上上前向桓公建言，管仲說齊國是春秋眾國之首，如果爲了幾座城池卻失信於天下，那麼還不如歸還這些在戰役中取得的土地，讓桓公擁有君無戲言的美名。

桓公也不愧是春秋五霸之一，有氣度容量去聽取別人的建言，也深知因小失大的道理，於是桓公信守諾言，魯國因而收回曹沫三戰所失的領土。

從這整個事件看來，曹沫的勇猛、下壇之後的神色自若、桓公君子一言的氣度和管仲分析事理的智慧都讓我深深折服，但曹沫爲堂堂一國的最高統帥，卻做出這種類似現代歹徒挾持人質卑鄙小人的行徑，難怪司馬遷的史紀會把他的事績放在「刺客列傳」之中。

「刺客列傳」中除了他這一位大將軍之外，其餘的刺客皆是一般的平民百姓或是不受重用不得志的士族，但也由此可見人被逼急了就會連身分地位都不顧，而無所不用其極。

幾千年前冒著生命危險，甚至是犧牲生命也在所不惜的刺客是如此，幾千年後持刀挾持駕機猛撞世貿大樓和五角大廈的恐怖分子又何嘗不是如此呢？

但二十一世紀的自殺攻擊威力，卻不是春秋戰國的刺客所能比擬。

這些以三、四人爲一組的恐怖分子，犧牲的不只是他們的性命而且也帶走了數千無辜民眾的生命，至今仍然不知道他們的作案動機爲何，也沒有國家組織願意出面承認。

而誓言復仇、反回教情緒高漲的美國，也可能會讓不少無辜的民眾受害。這些意識形態的紛爭。只是讓私心自用的政客找到演戲的舞台，而無辜的民眾卻成爲他們鬥爭角力下的犧牲品。

壯士一去不復返的恐怖分子——荊軻

類似911恐怖分子，越過重重關卡直搗敵人心臟的，就屬史記作者司馬遷筆下的最後一名刺客——荊軻。

荊軻在別人眼中是一位稍嫌懦弱，不喜歡與人起衝突的失勢士人，只有燕太子丹手下的田光知道他忍辱負重爲成大事而不拘小節的志向，把他介紹給求才若渴的太子丹。這個時候強大的秦國一一向各國侵略，齊、楚、魏、趙、韓眼看就要被強秦所呑併。

荊軻爲報答太子的知遇之恩，救燕國人民於水火之上，便心生一計，先是勸叛秦受到燕國庇護的樊於期將軍自殺，再把他的腦袋和燕國督亢的地圖獻給貪婪無厭的秦王，趁秦王志得意滿疏於防範的時候，就拿出藏在地圖裡的匕首刺殺秦王以解除燕國迫在眉睫的危機。

荊軻的副手叫秦舞陽，此人惡名昭彰，十三歲就殺人犯案，走在路上沒有人敢用正眼瞄他。但是，才剛到秦國的咸陽宮上，這個常膽氣過人的秦舞陽，卻嚇得臉色發白雙腳不聽使喚，平時被認為膽怯的荊軻鎮定地說秦舞陽是鄉下來的大老粗，沒見過世面才會失態。

等到獻上地圖時，荊軻馬上掀起匕首行刺秦王，秦王左躲右閃，加上秦王屬下的協助之下，荊軻當場被殺死在咸陽宮內。

荊軻是個為了做大事可以忍受屈辱的大英雄，卻不敢大方公開地領軍和秦國對戰，反而處心積慮用一些恐怖的手段，想要刺殺秦王造成秦國大亂，這也就解釋了為什麼一些弱小國小家的人民，會把恐怖首領賓拉登當成大英雄的原因。

英雄如荊軻也會被逼上絕路成為恐怖分子，可見其人深陷險境時就會激發出人性中最醜惡的一面，做出一些狗急跳牆與敵人同歸於盡的事。

我們的老祖宗常說：「得饒人處且處饒人」，才不會處處得罪別人、做事做絕，到最後反受其害。

這也就是爲什麼古代諸侯外出打獵時總是故意留一個缺口，以布袋之勢慢慢包圍，就是因爲怕激起獵物強烈的求生意識，反而全力拼搏非要弄到兩敗俱傷才肯罷休，這時侯可能獵人就會變獵物，獵不到野獸還要變成獵物，賠上自己的性命，就眞得虧大了。這也就是兵法中「窮寇莫追」的道理。

911恐怖分子的思考邏輯

除了以色列以外，和恐怖分子最常打交道的就是英國和西班牙，但這兩個和恐怖主義對抗已久的國家，也無力去解決恐怖主義的盛行。因爲恐怖主義是根源在民族對立，宗教衝突的仇恨當中。

今天美國除掉一個賓拉登，明天就創造了無數個賓拉登。歷史的死結並不會因某個人的死亡而解開，對恐怖分子而言，如果肉體的犧牲能換得對其他人的精神感召，自身的生命則能活在別人的生命中而生生不息，這也就是爲什麼恐怖分子視死如歸的原因，因爲死亡對他們而言不是肉體的消滅而是新生命的起始。

從美國這次公開恐怖分子寫給同夥的文件中，我們可以窺見恐怖分子的思想邏輯：

「人皆痛恨死，恐懼死亡。唯有那些相信死亡後有生命，死亡後有回報的人，才會尋求一死。你將步入天堂。你將步入最快樂的生命、無止無盡的生命。」

看看這次的恐怖分子，很多都有大學的學歷，有足夠的智慧去明辨是非，而且從參與到事發有很長的很長一段時間去反覆思量他們所做的決定，他們也有父母也有妻子兒女，但親情的羈絆還是無法改變他們的決心，還是犯下了傷害將近五千多個無辜生命的暴行。

因爲宗教上的信仰讓他們覺得爲理想犧牲將會受到阿拉的眷顧而上天堂，還能夠打擊敵人並號召後起之士，一舉數得才會喪心病狂。難怪這些恐怖分子前仆後繼，源源不絕。其實恐怖主義和霸權主義的本質都是一個樣的。

恐怖主義的邪惡在於利用被迫害民眾尋求正義的心理，高舉民族主義的大旗再加上以扭曲宗教觀去執行恐怖行動是遵照上帝旨意的假相來吸引一個個無知信奉者去犧牲生命執行任務。

霸權主義的恐怖就在於用抽象的刻板印象和符合本國利益的籍口，對一些弱小國家實行經濟軍事外交方面制裁。

恐怖行動所造成傷亡是即時血腥的，並會即刻引起各國的撻伐。霸權主義造成的損害是緩慢的、範圍廣大的、無形的，一般人不會注意到而且其他國家也害怕受到報復而不敢譴責。

無論是那一種主義都是不對的，因爲任何的宗教信仰，意識形態都不能成爲濫殺無辜的藉口。

而這些利用矛盾衝突在人世間想扮演神的人都要爲千千萬萬慘死的無辜人民負責。

911危機前失靈的偵測系統

美國911恐怖攻擊事件發生後，第一個遭到點名批判的就是以美國CIA、FBI爲首的十三個情報單位。

這些情報單位擁有一流的科技人才和先進設備，例如能執行竊聽的梯陣電腦系統和間諜衛星，甚至是能飛越敵人領空偵察照攝的無人偵查機，且擁有星羅棋布的間諜及線民網及每年大量的經費，局內也有專門反恐怖活動的機構，卻還是無法避免這次災難的發生。

但這些情治單位先前也並非完全對此次事件一無所知，根據《時代雜誌》的報導，今年年初CIA局長就曾指出賓拉登是一個立即且危險的威脅。

六月時，某個情報局截聽到一則恐怖分子即將攻擊的訊息，而使國務院發出全面警戒的命令。

另外，八月間CIA要求移民局（The Immigration and Neutralization）把兩位恐怖分子放在入境黑名單上，但他們都早已成功入境。

事發後，美國輿論馬上圍剿這些一年花了三百億美金和擁有全世界最先進監聽科技的情治單位，並探討爲何事前沒有發出警告。

前美總統老布希，也在一個商業論壇上發表他的看法，他指出這個世界已不是我們過去的舊世界，非常時刻對付恐怖分子就要有非常的辦法。老布希曾在一九七一到一九七二年間，擔任ＣＩＡ的局長，因此對ＣＩＡ的涉外事物非常熟悉。

他表示，如果要滲透恐怖分子的巢穴，就必須要重用那些會叛國賣友能收買的壞人，而不是一味地注重合作對象的操守。

很多安全專家指出，現在的情報機構太過依賴高科技的產物，而忽視了收買敵人和運用情報員滲透恐怖組織的重要性，因而對迎面而來的危機視而不見。

前眾議院議長 Newt Gingrich 也指出，在柯林頓總統其間對情報單位設下層層限制，例如，除非經過核準，否則不准和有違反人權記錄的人士打交道。

這些限制都造成情報網無法偵察恐怖分子活動的盲點。而恐怖分子也深知美國監聽科技的無遠弗屆，反而行事更加小心，據報導這些恐怖組織大部分都以網路郵件，並外加保密程式爲主要的通訊方式。

也有專家表示，美國禁止其情報人員暗殺恐怖分子的規定也應該重新審視，自從福特總統於一九七六年明令禁止暗殺之後，美國的情治人員就停止暗殺海外恐怖或異議分子的行動。

安全專家 Michael Ledeen 就明言指出，解除這些禁令更能宣示美國打擊恐怖行動的決心，且能讓遠在海外作亂的恐怖分子坐立難安。他說：

「如果我們的敵人知道我們只能撰擇追緝歹徒或是空中轟炸，他們就會躲在修女和小孩之中，讓我們的報復行動變得不可能。」

(If our enemies know that our options are limited to the issuing of an arrest warrant or a bombing campaign，they would immediately hide in the midst of nuns and school children，making effective retaliation impossible.）

他並主張這次失職的CIA、FBI局長都應該下台以示負責，在參議院，有多位參議員表示要提出法案去設立一個專門負責偵察恐怖活動的反恐怖情報局，並給予這個機構莫大的權力和資源來對抗恐怖主義。

也有參議員表示應廢除情報機構內一些不合理的內規，例如情報機構在吸收線民前必須在通過身家調查後才能被正式任用，但也常常因此而錯失辦案時效。

而且由於長久的漠視來自中東的恐怖分子，這些機構也缺乏精通中東語系的幹員，因此就算截聽到重要訊息，這些機構也缺乏能力去適時解讀這些可能解除危機的情報。

在司法部方面，檢察總長 John D. Ashvroft 表示司法部正在規畫一個反恐怖的法案，在這個法案中規定移民局有權羈留任何非法進入美國的外國人達兩天之久（舊規定爲二十四小時），如在特殊情況下，移民局可以依法無限期羈留且不需提出任何相關的證據或是決定馬上遣返。

這個法案也明文規定，情報單位有權獲得嫌犯的金融，例如帳戶號碼和信用卡號碼，即使沒有獲得法院授權。這法案也提供提供情報者多達兩百萬美元的酬金。

曾任美國國家安全會主席的 Paul Bremer 美國批評過去一些重視人權事事講究合乎人道精神的蒐集情報做法荒謬可笑，他說：

「我們就像是只能用一隻手來監視敵人。」

（We were basically spying with one arm tied behind our back.）

脆弱的機場安檢系統

在這次的恐怖攻擊事件中，守衛薄弱讓恐怖分子輕易易持刀上機的機場安檢系統，也是美國政府極力補強的重點。

早在去年，ＧＡＯ（General Accounting office）就曾派遣兩位便衣人員，去測試某兩大機場的安檢系統，並發現了出乎意外的結果。

ＧＡＯ是隸屬美國國會專屬的調查機構，與當國會議員對某聯邦單位的表現現有所不滿或是發覺某單位使用預算有弊端時，就會把調查的工作交付給這個人才薈萃、超越黨派的單位。這個單位在法令的保障下獲得國會充分的授權和行政單位的配合。

這個單位其中的一個調查小組會去某一聯邦機構執行查證分析、尋找解決方案的工作，在數月的時間內完成調查之後，這個調查小組會把所有的相關資料編成一本藍皮封套的報告，並將此報告呈獻給國會議員，國會議員也依此報導去制定法案和監督政府運作。

大部分的新聞界都可免費訂閱，並依照內容去做深度報導。美國政府也因ＧＡＯ的深入調查而受到國會及新聞兩股力量的制約。

我在美第一個學期第一堂課的作業，就是交一份根據ＧＡＯ所做的新聞報導。

我還記得這位瘦小卻受人尊崇的教授，帶著很多本ＧＡＯreports進教室，並且要求每位研究生各拿三本報告，選出其中一本來作新聞式的深入報導。

之後，我在正式進入報社工作後，也曾根據其中數本來做新聞報導。

由此可見美國的國會並不是一個只會嘩眾取寵做秀的國會，也不是一個只會揭發弊端卻無解決方案的國會。一個永遠都在尋找問題，檢討問題解決問題的國家，想不強盛也難！

這篇ＧＡＯ報告中明確指出，問題徵結就在於這些由私人安檢公司派遣的安檢人員賺的薪水，竟然比在速食店打工的員工還要低。

歐洲的機場安檢人員相對的有較高的薪資和福利。這也就是爲什麼美國機場安檢效率低落的根本原因。

ＧＡＯ更發現美國最大的一家安檢公司（Argenbright Security）涉嫌聘用一些具犯罪背景的人爲員工並且把一些未受訓練的員工派遣到檢查隨身行李的海關檢查站。這家公司也因此被美國政府罰鍰一百二十萬美金。

這家前科累累的安檢公司，也剛好就是負責華盛頓Dulles和位於紐澤西的Newark安檢的公司，而撞上五角大廈和墮毀賓州的飛機，就是分別是從這兩座機場起飛。這表示這兩組恐怖分子有辦法攜帶刀械成功通過安檢人員的偵查。

針對911事件，美國管理空中交通及機場安全的FAA（Federal Aviation Agency），馬下下令加強安全檢查並禁止攜帶任何刀類器具上機。但是FAA卻曾發現一位西北航空攜帶螺絲起子和小刀的機務人員，竟然可以通過安檢並成功上機，可見美國的機場安檢作業還有待加強。

找不到敵人的新珍珠港事變

這次恐怖分子對美國發動的奇襲，不由得讓人想起日本對美國發動攻擊的珍珠港事變，在日本發動攻擊前，美國的軍方情報局就攔截到一則日軍艦隊往南太平洋集結的消息，但是美國駐太平洋艦隊的海軍指揮官，卻不相信日本有膽量攻擊位於夏威夷的海軍艦隊。

日軍發動奇襲的前一刻，這位指揮官還好整以暇地和部下打高爾夫球。等到日本戰機如烏雲密佈飛到夏威夷上空，他才知道大難臨頭。

毫無準備的美國大兵成了日本軍機的肉靶子，一位老兵在接受Newsweek的訪問時說，他永遠都忘不了一個低飛掃射的日本飛行員對他獰笑時所露出的金牙。

而這一次的恐怖分子也是利用美國低落的警覺心和過度的自信，才能潛入美國學習駕機技巧，然後從容不迫地執行自殺任務。

有人認爲這次的恐怖分子用的是超時代前所未有的恐怖手段，才會造成了如此大的傷亡。其實恐怖分子這次所用的戰術和過去劫機要脅的歹徒都是差不多，只是這次恐怖分子不要錢也沒有提出任何的要求，連生命都不要，企圖以小搏大，用十幾人的生命去換取敵人難以數計的損失。

但是恐怖分子用的還是傳統的手段，只不過舊瓶裝新酒，想出以裝滿油料的飛機去撞擊大樓，讓高溫燃燒的油料熔化大樓的鋼骨，整個大樓像骨牌效應，一層層地倒塌。其實這次的手段構想都還是停留在傳統的層面上。以這次恐怖分子縝密的行動和週詳的計畫看來，背後的組織必定是有一定的規模，才能夠送這些人去德國接受深造，再送到美國學開飛機，並甘心其所驅使。如果這個組織想取得生化武器或是核子武器對美發動攻擊，想必也不是什麼難事。

所以即使恐怖行動造成這次美國傷亡慘重，極有可能只是恐怖分子的一個「小小的警告」，這也就是爲什麼美國政府一再地表示，近期內可能還會有隨之而來的第二波恐怖攻擊行動，要民眾小心謹愼提高警覺。

U-571以小搏大

這次恐怖行動，讓我回想起去年看了兩遍的電影《U-571》，片中由美軍副艦長指揮的潛艇遭到德軍大型船艦無情的獵殺，這艘潛艇已快失去動力並只剩一發砲彈只好先潛到在海面下躲避德國船艦的水雷，這個副艦長情急生智，由水雷爆炸的頻率計算出德軍艦艇的位置，等到時機一到馬上浮至水面，雖然這艘潛艇就離軍艦艇不到三十公尺，卻剛好浮在德軍砲口的仰角下，德軍還是無法發動攻擊。這個潛艇就馬上用僅存的一發砲彈對準這艘龐大的艦艇打出了一個大洞，沒多久船上火藥爆炸就沉沒了。

此外，中國歷史上，曾自誇軍容壯盛足以「投鞭斷流」的符堅，就是太過自大，以爲軍隊的規模會和戰爭成果成正比。結果東晉謝安看出前秦軍隊過度往前集結，毫無迴轉空間的缺點，假裝要渡江決一死戰，因此要求前秦軍隊稍微往後退，再派另一部隊繞到前後方散佈前秦已敗的謠言。當前秦的前鋒部隊往後調整時，後方軍心大亂，士兵們丟盔棄甲，連風吹草動都以爲東晉大軍將至，才留下「草木皆兵」的成語，這也是一個以小博大的例子。

所以眼前的強大與成功，並不代表沒有危機，所謂失敗爲成功之母，成功爲失敗之父。另一層意思也就是，最大的失敗，往往就蘊含在成功帶來的危機中。

「強大」有時候會大而無當，「弱小」有時候反而是一種優勢，當一個國家或是一個企業的規模組織強盛到一定的地步時，就會過於自信對於危機視而不見，更無法去檢視自身的缺點。一旦弱點曝露，競爭對手只要用一些巧勁針對缺點作致命的一擊，即可以造成大規模毀滅性的損失。

美國９１１事件，恐怖分子竟然利用美國民航客機，攻擊讓從未經歷戰爭的美國本土第一次受到戰火洗禮，這正是一個強大中蘊含「致命危機」的最佳案例。

第三章

美國911危機處理啟示

控制影響範圍以減少損失

９１１恐怖攻擊事件發生之後，美國政府在危機管理上的多數措施，可謂可圈可點，美國的領土有接近一個歐洲那麼大，政府組織疊床架屋，從中央到地方州政府至最小單位（Township），機關複雜，但恐怖事件自發生以來各級政府各守本份並堅守本身之崗位，發揮其長，贏得各國人士的讚賞並把災難影響的層面及範圍降至最低，政府重建信心的喊話也給全世界提供一個危機處理的最佳教材。

白宮及華府的應變機智

美國總統布希於第一架美國航空客機撞上世貿大樓北棟之時，正在佛羅里達州發表與教育議題有關之演講。據稱當幕僚將事件通知布希時布希以爲只是一件偶發災難，絲毫不知此事是由恐怖分子一手策畫。

當上午九時二分另外一架美航客機衝入世貿南棟後，布希才驚覺此事非比尋常，將餘下行程擱置，匆匆踏上回程之路。

此時留在白宮鎮守副總統錢尼收到祕書通知第一架飛機撞入世貿後，馬上打開電視收看現場連線的新聞報導，不料，不久後就馬上看到第二架直接命中南棟的畫面。

數分鐘之後，情治人員馬上將副總統架離辦公室並穿門越室，一路直奔位於白宮之下的緊急防護所，因爲情治人員收到情報指出一架遭挾持的飛機正朝向華盛頓特區而來。錢尼馬上以專線向布希報告整個情勢並建議布希延後返回華盛頓的行程。

布希在得知美國正遭受攻擊時，立即下令美國空軍派遣 F-16 緊急上空擊落任何偏離航道的飛機，當時情況頗危急，因爲根據情報一共有六架飛機遭到挾持，但由於第四架客機已在戰機起飛前墜毀在國防大廈，戰機群無功而返。同時布希並且果決地下令所有美國上空或飛往美國之飛機折返原地或飛往加拿大並靜待通知。

之後，布希先往西飛至斯安那州的空軍基地，再前往位於內布拉斯加的空軍基地，確定安全無虞且空中交通獲得充分控制後，才馬上趕回華府。

有些人批抨布希輾轉回府的作風畏畏縮縮，無異是向恐怖分子低頭示弱。

但就當時情勢的緊急狀況來評斷，行縱飄忽無法捉摸的行程才是正確的抉擇，萬一美國總統的專機被恐怖分子所擊落，對美國政經社會的衝擊會比十棟著火損毀世貿大樓還來得大。

另外，在華府聯邦機構上班的職員也提早下班，躲避可能隨後而至的攻擊。證券交易委員會馬上下令華爾街休市一天，隨後不久宣佈休市至隔週一，以避免股市震盪應聲下滑，造成經濟金融的動盪不安。聯耶準備理事會也發出聲明釋出即將擴大貨幣供給的消息，以穩定金融。

至此，美國共計失四架客機、世貿大樓及部分的五角大廈受損，及數以千計的民眾喪生在烈焰燃燒的大廈之中。

劉邦的危機管理

類似最高領導人危機處理的例子，中國也有，漢朝的開國先公劉邦因為懂得運用危機管理中，控制損失的策略來化危機為轉機，之後才創建了稱霸一方的大漢帝國。

當時劉邦和項羽為爭天下而反目成仇，武功高強的項羽天天都到劉邦的陣前叫陣，武功低劣的劉邦只能暫避其鋒，龜縮不出，項羽心急如焚心生一計，在和劉邦對罵時命令弓箭手埋伏一旁等待機會狙殺劉邦，當劉邦數落項羽的罪狀正得意忘形時，突然一射入他的胸部。在部將將他扶入中帳後，劉邦馬上下令他的部將去四處散佈他腳部中箭的消息。並接受策士張良的建議穿起用胄包紮根本沒受傷的腳踝視察軍營，此舉不但平息主將受傷戰局逆轉的謠言，更讓他的士兵相信劉邦是打不死的眞命天子。

如果劉邦不撒謊，也不即時巡視軍營的話，會有什麼後果呢？士兵會不會軍心浮動，因而丟盔棄甲逃離戰場？項羽會不會趁亂而起襲擊敵軍建立項羽自己的王朝呢？

如果答案是「是」的話，那麼中國的歷史也就隨之改寫了。

一支平凡的箭所能造成的傷害只是肉體上的，但是如果沒有把傷害的範圍加以控制，任由它發揮潛在的副作用，那麼這支箭所造成的傷害就會遠遠超出我們的想像。

在這次９１１事件中，布希領導下的政府也深知「控制損失」的道理，首先布希先從自己的安危做起。從佛州過境兩個軍事基地，再由軍機護送回華府。從危機管理的角度來看，布希先保護自身安危，並適時地對全國發表談話，安撫浮動不安的民心，因爲他深知如果美國元首也喪生在這次恐怖攻擊中，受害的絕不只是那些無辜受害的民眾和一些硬體設備，全國民眾的不安一定會導致經濟面的全面下挫，而全球各大經濟體也不免隨之沉淪。

「九一七納莉風災」的教訓

兩千年前的劉邦，提供了我們一個控制損失的最佳典範，但兩千年後的台灣，卻沒有從中汲取教訓，反而提供了一個負面的教材。

在美國911事件後，台灣竟也發生難得一見的九一七納莉風災中，一個號稱亞洲最大的玉成抽水站泡在洪水中，無法發揮功能，但是市府卻沒有馬上通報中央，讓中央有任何機會緊急救援，也沒有運用黃金時間，呼籲附近民眾小心隨之而來的大水，或是疏散居民，之後滾滾洪水吞噬大地，造成無法計算的損失，而這個責任難道都要推給百年難得一見的大颱風嗎？

天災再加上人為的疏失，人民也只能自認倒楣。

民氣可用

美國朋友的愛國心

遠在美國的室友 Kim 突然打電話給我：「我想去紐約參與救災工作。」她激昂中又挾帶著感慨的語氣說著。

「妳？妳想去現場救災？」我心裡納悶地想著這個肉肉小小，身高不到我鼻子的美國女孩就算讓她突破重重關卡安全到達現場，也只是多消耗美國政府一個便當而已。

「沒錯，此時正是國家需要我的時侯，況且路程也才接近二十小時，我是去定了。」

「妳知道，美國政府已經動員了紐約附近三州的緊急救難隊參與救災工作？況且燃燒中的大樓還有再次崩塌的危險，穿梭在斷垣殘壁中所謂的風險可是大得很。妳母親只有妳這麼一個女兒，如果失去妳，她就一無所有了。」我試圖打消她的念頭。

我知道Kim的外祖母就住在事發現場附近的布魯克林區，如果她眞得去的話，至少也有個地方住。但我還是爲她的安全擔心不已。

「妳知道現在正在鬧血荒，捐血一袋救人一命，我知道妳想爲自己的國家做一點事，那何不去捐血呢？」我說。

好不容易在我動之以情、誘之以利，好說歹說之後，Kim才打消去現場救災的念頭。

我心想，如果連我這個柔弱的室友都有爲國奉獻的決心，那麼恐怖分子驚醒的絕對不只是個沉睡中的巨人。

事發之後，美國處處旗海飄揚，小販賣國旗賣到無貨可補，街上隨處可見人們穿著印有美國旗幟的衣服，有些甚至刺一個國旗圖樣在臂膀上宣示愛國的決心。

紅十字會的捐血站上，隊伍排得比整條街還長，一筆筆的捐獻款項如潮水般湧入各個救災的基金會。不分黨派、不分宗教，人們集結爲受難者及他們的家屬祈禱。網路上還出現買股票救美國的言論，而這種要求別人去做賠錢的生意主張，卻還是受到廣大的回響。

還有一個美國人，馬上把畢生積蓄投資在股市中，他表示能在國難當前的時候爲國家做一點事，是莫大的光榮，會不會賺錢都不重要了。雖然事後證明，美國人護盤的決心，還是敵不過現實面的衝擊，使股市應聲下跌。但是至少美國人向全世界傳達了一個訊息——團結的美國，就是不會向恐怖主義屈膝。

美國如眾人所知是一個民族的大熔爐，來自全世界的移民們一波波擁入美國後，也把他們固有國家的風土民俗文化也帶入了美洲大陸，雖然他們也是說英語的美國人，但也以保有自身獨特文化資產爲榮，那就是爲什麼在美國各大城市都有所謂的Chinatown、Little Italy 等地區。

在你進入這些地區後，你會覺得在轉瞬間就到了另外一個國度，不同的語言、不同的招牌、不同的商品，讓這些地區充滿了異國風味。

但號稱水納百川的美國文化，也時常傳出種族歧視的事件，因不同移民間衝突不斷，彼此間也互相競爭，期使能在美國主流社會中出人頭地，高人一等。

這些兩百年來移民間新仇舊恨，在這次恐怖攻擊的事件後消失無蹤，我們所看到的是各民族以自己的方式去悼念受害者，人民也緊緊地相依相慰互相幫助打氣。因爲這時侯大家都在同一條船上，當水深灘急，船身不穩時，最是需要大家團結一致，扭轉局勢的時候，一旦船翻槳落，那麼兩百年來先人辛勤工作，犧牲付出而建立的繁榮富強，都要付諸流水了。

這些的恐怖事件，並沒有擴大美國國內各民族間的對立，反而像是一場大地震般，把美國四分五裂的小板塊緊緊地擠成一塊縱貫東西、唇齒相依的大板塊。當講究個人主義猶如一盤散沙的美國人心手相連時，也就象徵了美國國力另一個高峰的來臨。

所以說，危機就是「危險加轉機」，從布希順應美國國內的請戰浪潮，國會撥款的支持，盟國的聲援和幫助，我們都可清楚看出布希對這次恐怖主義明確迅速的反擊就是運用危機處理中的「民氣可用」，用美國人對恐怖分子深惡痛絕的愛國心，凝聚共識，掃除社會中大小不一的聲音。

每當一組織，大如國家小如企業面臨生死存亡的危機時，這些內部不同的聲音往往能爲了生布而同仇敵愾砲口一致對外，而這時危機處理的領導人如果能妥善的「善用民氣」凝聚共識處理危機，那麼危機又何嘗不是一個轉機呢？

敵人的敵人，是我的朋友（Enemy's enemy is my friend）

布希深知對抗以中東國家主的恐怖主義，必須要軍事外交集管齊下，畢竟就算是要攻打阿富汗也要借道進駐鄰近國家，所以美國在外交上動作不斷，爭取各國的支持。

首先，和美國站在同一陣線上的就是英國，美國和英國本是相同的一個國家，享有共同的文化語言，風俗習慣。英美也攜手走過無數的戰役。

記得我在英國時，曾經前往美國駐英大使館去採訪他們的公關部主任。他就表示美國人和英國人有非常深厚的友誼，美國大使也受到相當大的禮遇。每一年的二次世界大戰紀念日，美國大使館，還會固定收到很多的信封和花圈，都是由一些感念美國參戰拯救英國免於德國入侵的英國民眾所寄。美國和英國的情誼也因此可見一斑。

美國在外交上的策略，也就是運用一句英文常用的格言：

The enemy's enemy is my friend.

不約而同的，英國首相布萊爾也用類似的句子警告同情阿富汗的國家，他說：「Enemy's friend is my enemy.」和美國遙相呼應。

美國首先拉攏一向親美色彩濃厚的歐洲國家和日本，等到組合成一個足以和恐怖主義對抗的聯盟之後，再去呼籲對阿富汗素無好感的國家加入美國的陣容。例如，蘇聯就非常痛恨支持車臣獨立分子的阿富汗，一再地表示願意協助美國對抗恐怖主義，而且也不反對美軍進駐俄國勢力範圍的中亞。

在外交方面，布希表示，不是和美國站在同一陣線的國家就是支持恐怖主義的同路人。

這一句強硬的外交辭令，把錯綜複雜的事件，簡化成善惡對立的二元論。支持民主自由的美國是正義的使者，被迫去對抗邪惡，陰險、無情的恐怖主義，一些和阿富汗無實質關係的國家馬上識時務地選邊站，表達支持美國的立場，而少數和阿富汗有外交關係的國家如阿拉伯大公國和沙烏地阿拉伯，也紛紛宣布和阿富汗斷絕外交關係。

每逢兩國相爭，就一定會要求是不關己的他國投向自己的懷抱，就像是在台灣威盛和英特爾的智慧財產權之爭中，許多夾在這兩個公司的廠商也被迫要選邊站。

麥卡錫的白色恐怖

這個美國提出的善惡二元論，不禁讓我回想起六〇年代的「麥卡錫白色恐怖」。麥卡錫這位共和黨的保守派議員善於利用當時美國人害怕共黨在全世界大舉擴張的心態紛紛把反對他的人貼上「共黨同路人」的標籤，許多無辜的人被判刑下獄，美國媒體也深怕被指爲共黨的同路人，而禁若寒蟬不敢刊登反對麥卡錫的文章。這也就是新聞學上所說的「Chilling Effect」。

奉自由爲圭臬，時時把自由掛在嘴邊的美國並沒有讓其國家有置身事外的「自由」，連在國際舞台上連跑龍套的角色都沒有的台灣在事發不久後也表示支持美國出兵的正義之舉，畢竟動動嘴巴也不要錢。

新十字軍東征

布希的強硬外交辭令和牛仔形象，雖然讓大部分支持緝兇的美國人非常滿意。但是某些過於強硬的言論卻招致各國的不滿，引發不必要的危機。

例如，布希以十字軍東征（Crusade）的比喻來宣示這次對抗恐怖主義的決心，就招致了回教國家的不滿。因爲這個中世紀以宗教狂熱爲號召的軍事行動，就是要奪回在回教異教徒統治下的基督教聖地耶路撒冷。這種爲對抗恐怖主義，卻把宗教的意識形態帶入原本就複雜難解的危機中，更把美國的復仇之舉提升到基督教對抗回教的層次，這就是危機處理中一個負面的例子。

危機處理時，除了要消除危機外，更要小心注意在危機處理中的策略運用會不會引起誤會而觸怒他人，引發不必要的「危機」。

不當的策略運用可能會把潛在的朋友變成了誓不兩立的敵人，造成親者仇、痛者快的局面。那麼就好像是火上加油，只會把問題愈燒愈旺。

危機策略首重合法性

911事發後隔一天，布希總統馬上向恐怖主義宣戰，他表示恐怖分子攻擊美國的程度已把情勢提升至戰爭的範圍，美國為了自衛決定向恐怖主義和包庇恐怖分子的國家宣戰。

布希很聰明地馬上宣布把處理的方式提高到戰爭層次，這就杜絕了別國質疑美國出兵合理性的聲音。

因為按照聯合國憲章規定，一旦一國遭受到戰爭方式的攻擊，這一個國家有權向他國宣戰。

但布希卻還沒確定元兇是誰也不知道是那一個國家施與攻擊卻馬上宣戰，這除了有安撫民心的作用之外，美國更可以運用包括暗殺軍事等等激烈的手段去展開報復行動，除了手中多了一張王牌，其他國家也沒有插手的餘地，這就是布希總統下的一步活棋。

如果布希沒有馬上宣戰，等到確定要動用武力時，一定會受到聯合國的制肘，那麼前機就已失。

所以，當一個企業在處理危機時，一定要把所有應對的策略和方法都攤出來桌上討論，而這些策略，必須在法律上先站得住腳，採用後才不會落人口實，否則徒然浪費人力、物力，還讓別人抓到把柄大做文章，就會失去企業反擊對應的時機，企業的形象也會毀於一旦。

鎖定危機的根源

在事件發生之後，美國爲因應國內誓言報復的聲浪緝拿眞兇，但所謂的眞兇即是登機挾持機長的十九位恐怖分子，這些恐怖分子也慘死在世貿及國防大廈之中。

雖然根據判斷，這一種規模龐大，計畫周詳的行動必定是有一組織，具有相當規模的組織於背後撐腰，給予提供補給方面之協助，但全世界上卻沒有一個組織，出面承認犯下此案。這也讓受創甚深的美國猶如啞吧吃黃蓮，一口怨氣無處可出。相對的也助長了恐怖分子的氣焰，一時之間人心惶惶，恐怖分子會發動第二波攻擊的消息不斷傳出，恐怖分子似乎無所不在。

布希總統也深知「該斷不斷，反受其害」的道理。他於事發當晚，即使缺乏證據，也因應局勢，馬上放出風聲，直指遠在阿富汗的賓拉登爲其幕後主使人（prime suspect）。

在號稱重視人權法治的美國，必須在警方確定掌握直接證據，且檢察官也認爲此人涉案程度重大到足以開庭審理，才能稱一個涉案人爲（sus-pect）。

一位阿拉伯國家的外交官就非常不滿美國這種「先定罪再找證據」的手法。

前蘇聯的情報組長更是質疑FBI宣稱，在波士頓找到的恠分子未帶上機的皮箱，他認爲如果恐怖分子有能力執行這次週詳的任務，絕對不會笨得把一本阿拉伯文寫成的飛行手冊和可蘭經放在行李箱內，好讓FBI知道他們是來自中東。

在美報社服務時，坐在我對面的美國記者就是一位專跑警政新聞的記者，就曾大罵一位友報的學生記者專業素養不足。這位學生報導一宗酒醉暴力事件，在一場大學美式足球後，大學生總藉機飲酒作樂，而一位酒醉的大學生在巷弄內因口出不遜而得罪了一群年輕人，這一群有男有女的年輕人馬上拳打腳踢，把他打倒在地，在經過送醫急救後，醫生宣佈腦死。當地警察面臨壓力急於破案，把根據目擊者描述的涉案年輕人畫像交給媒體，這些畫像隔日就出現在當地各大報紙的新聞裡，但這位我也認識的新聞系大三生卻把每一幅畫像都稱爲（suspect），侵入了未經審訊即先行定罪的模糊界線。

但是，爲何布希在未掌握直接證據，就先行宣佈他心目中的 prime suspect 呢？因爲此時情勢之緊迫和混亂，以顧不得這個指控到底符不符合程序正義。

大至國家，小至企業、個人，一旦危機出現，就必須當機立斷以最明快的方式找出危機的核心，但是如果這個促成危機的因子模糊不清，那麼即使冒著判斷錯誤的風險也要去儘早鎖定目標，並轉化爲齊心協力團結一致的向心力，全力動員解除危機，才能撫平民眾或是公司職員浮動不安的情緒。所以此時此刻，賓拉登是眞兇也好，無辜也好，否認參與也好，都無關緊要了。

如果布希在美遭受攻擊後幾天內都無法鎖定元兇，那就無法對民眾交待，美國國內化悲憤爲力量的怒火遲早會把燒得布希雞犬不寧，布希剩下的總統之路，也會走得日益艱辛。

各位還記得早期刑警如何把破案率提高的方法嗎？他們把一些破不了的案子，栽在一個眞正的犯罪的嫌疑犯，這個嫌疑犯通常都是百口莫辯，只好乖乖認罪，照單全收。而賓拉登就有可能是那個必須「照單全收的頭號嫌疑犯」。

當然，美國也不是隨隨便便的捉一位阿拉伯人來頂罪，賓拉登的恐怖罪行罄鑿難書，美國就曾因爲他涉及肯亞及坦尙尼亞美國大使館爆炸案。而在柯林頓擔任總統期間，對他在阿富汗的基地發射七十幾枚飛彈。

因此，賓拉登無疑地是最有可能也是最容易誣賴的頭號的嫌疑犯。況且就算是賓拉登不是幕後主使者，美國還可以藉機除掉一位積極反美的恐怖分子，這豈不是 kill two birds with one stone（一石兩鳥之計）？

OkaTahoma City Bombing 的教訓

在911之前，發生在美國的重大恐怖攻擊行動，就是在一九九五年

Okalahoma 的爆炸案。一開始，情治單位馬上鎖定嫌犯是中東籍的恐怖分子，兵分好幾路追緝他們心中的 prime suspect，在機場上拘留了幾個長得很像「恐怖分子」的中東人。

另一個ＦＢＩ的犯罪心理學家，卻發現事發的日期，剛好是兩年前聯邦調查局攻入大衛教派的同一天，因此馬上改變偵查方向，才查出原來兇手是美國人，而且還是一個白種人。

我上新聞課時，有一位教授時常提到這個爆炸事件，由於我在事件發生時還沒到美國，所以不知這些事件對美國人有什麼深遠的影響。

我曾向他請教，爲什麼這個事件如此重要？

他跟我說這個事件，讓美國人認清，原來威脅不一定會來自外國，也有可能是來自內部。更重要的是，美國過去習慣了西線無戰事，無論是不是美國發動的戰爭都不會漫延到美國本土，所以美國人對危機毫無警戒心，連恐怖分子都可以正大光明地在網上下單訂購炸藥的原料。鬆散的槍枝管制，連幼稚園小孩都可以偷拿槍枝上學。

美國並沒有從六年前造成一百多人死亡的恐怖事件中，學到任何危機管理的教訓，任由飛安系統和情報系統日益鬆散，間接地促成了一個新世紀的恐怖事件。

美國一言堂式的公關文化

危機爆發處理，首重對外發言口徑一致，美國全國上下從民眾到政府都給人萬眾一心團結一致的印象，但是爲何個人主義盛行的美國能化解內部不同的聲音，對外以一言堂式的單一聲音發言呢？這些都要歸功於美國多年的公關文化。

當我在美國當記者時，最討厭去採訪連鎖企業駐外地的公司或商家，因爲他們總是會讓我碰釘子，再告訴我他們總公司公關部的電話。

連政府機構也不例外，每次好不容易找到想採訪的人物之後，他卻把我打回公關部，不然就問我，有沒有得到公關部的允許。我也曾經在一位公關主任的電話監督下，以電話訪問一位負責和議員協調法案的政府官員，那種被監視的奇怪感覺，到現在還印象深刻。

這些人並不是故意要刁難我或存心讓我碰釘子，而是政府機構或企業組織都需要一個人或一個單位去整合內部不同的聲音，再對外發表經過深思熟慮的決定，萬一一個人一種聲音，部下和上司步調不一致，只會讓外界質疑這個機構的辦事能力，更會讓媒體抓到把柄大作文章，以記者的角度來判斷，當一個問題有兩個答案時，不是眞的有兩個答案就是其中一個在說謊或是兩個都在說謊。一旦企業形象受損，得花很大的力氣去收拾殘局，但是一旦上下不同調的消息見報後，上司和部下之間的裂痕也就難以癒合。

就也就是爲什麼稍有規模的公司一定設有一個公關部，讓這個部門管理結合不同的聲音，再對外發表統一的言論。

在這次美國的出兵行動中，內部還是很多不同的聲音，而這一些聲音可略分爲主戰的鷹派和主和的鴿派。自共和黨的布希上台後，也把一些共和黨內強硬的主戰派幕僚進白宮，其中一大半還是老布希任內的核心幕僚，這些右翼的幕僚主張美國把戰爭擴大至所情恐怖分子的國家，例如伊朗、伊拉克、蘇丹都是這些人主張攻擊的重點國家。這麼一來這場戰爭會把中東、非洲、中亞都捲入美國打擊恐怖主義的戰場。

而主張多用外交手段少用軍事的鴿派在目前還是佔了上風，因爲一來美國沒有必勝的把握，二來戰局的擴大必定造成更多的傷亡，而國內民眾也會失去耐心，反而會反對戰爭讓政府下不了台。

雖然每個幕僚都有自己的意見，但在最後的決策形成前，每個人都會根據局勢去做最顧全大局的決定，所以才會給外界團結一致、齊心協力的印象。

台灣人人搶出頭

對台灣社會而言，現在最缺乏的就是這種一言堂式的公關文化。每個人不論職位高低都急著向媒體表示自己的意見，彷彿自己是最高單位的決策者。另一方面是「先說先贏」讓大眾有先入爲主的觀念，再強逼上位者接受這個木已成舟的決定，因爲如果媒體發現兩造說法不一，豈不是顯得這個領導者領導無方。

還有不甘寂寞的老二文化，明明擔當副手，講話口氣卻像是個道道地地的領導人，處處和領導者唱反調，想要把他搞下來之後，再取而代之。

這也就是爲什麼我們常說國會和媒體是社會兩大亂源的原因，因爲這兩股力量都善於製造矛盾，再利用這些矛盾去炒新聞打知名度。

「不在其位，不謀其政。」自己在什麼職位，就要扮演好該職位的角色。而不是對外大放厥辭，背地裡給自己的長官同事捅幾個大摟子，自己再從中獲利，利用矛盾衝突步步高昇。

第四章

美國領導者的危機管理能力

布希的危機總動員

布希在紐約災難所顯示出危機處理的鎮定和機智，贏得全國人民的讚賞，也讓大家見識到他在非正式場合中掌握現場情緒的能力。

當布希於事發第二天，在紐約州長和市長的陪同下到災難現場慰問辛勤的救難人員時，突然有人大喊聽不見布希說的話，此時布希馬上舉起擴音器，說道：

「是的，我可以聽到你，全世界都可以聽到你，那些炸掉這兩棟樓的人一定會聽到我們的聲音。」

（Yes，I can hear you. The whole world hears you. The people who knocked these down will hear from us all soon.）

布希的處理得當和適切的對答，讓在場人士爲他的風采所深深折服，救難人員也齊心協力地大喊：「USA，USA……」。

美國人民對布希的支持度在911事件後也大幅上升，在恐怖事件發生前所做的民調，尚顯示布希的支持度只有百分之五十，這和布希在大選時所得的得票率不相上下。但事後無論是那一個機構的民調都指出，布希的支持率直線攀升到至少在百分之八十以上。

美國人並沒有因爲恐怖分子在其總統任內攻擊美國本土，而要求他負責下台，反而以鼓勵支持的態度讓他無後顧之憂地處理恐怖分子的對外事務。

英石化美國公司的前董事長 Robert Horton 就曾說：

「無論面對多麼棘手的危機，一個成功的領導者必須讓別人相信他有妥善處理的能力。」

曹操也曾在兵疲馬困找不到水源的時候，叫士兵「望梅止渴」，之後才順利得找到下一個水源，完美地解決解決危機。曹操就是具備這種領導特質才能在漢末群雄割據的局面稱霸一方。

所以當危機出現時，企業領導者的風度睿智、反應用語就非常的重要，常常是維繫一個企業生死存亡的關鍵，這時候如果能說一些措詞強硬的談話甚至是善意的謊言來穩定軍心，凝聚企業內部的共識，必定能攜手共渡難關，往下一個目標邁進。

高爾公開要求民主黨力挺布希

就連美國以此微差距落敗的前民主黨總統侯選人高爾Gore，也在一個民主黨的大會呼籲民主黨支持布希。他說：

「布希是我的領導者，這個國家是我記憶中以來最團結的國家。」

（George W. Bush is my commander in chief. This country is more united than at any time I can remember in my life.）

其實，在上屆的總統大選中Gore本來可以險勝，但還是虛心接受敗選的結果。這次的危機事件中，Gore 並沒有藉機要求布希辭職以示負責，藉以打擊布希政府的威信。他還是很有風度的要求大家支持他昔日的對手。

美國兩黨對立互相制衡的議會也放下恩怨，以超黨派的精神在短短兩天內擬訂法案，提供布希領導的行政體系四百億美元的經費，足足比布希要求的經費還多了兩倍。

這些經費將對災難現場的紐約、華盛頓、賓州各區提供經濟上的援助，並且讓布希以部分經費來加強國內安全防衛並加強反擊恐怖分子。

現在踏在民意反恐怖立義浪潮上的布希，如果沒有團結的國會在背後大力支持，縱然有一身理想抱負，想必也無法一展身手。

處處都要花錢的康熙西北戰役

在同仇敵愾的氣氛之下，想以軍事行動鎮壓恐怖分子的美國現今最需要的就是錢，油料要錢，軍餉要錢，武器飛彈也要錢，美國在國際社會上尋求合作更是要錢。

清朝康熙年間，西北邊疆遊牧民族頻頻作亂，大清帝國派去剿亂的軍隊卻全軍覆沒，灰頭土臉，原因就在於軍需糧餉補給不足，大清的主帥無法坐以待斃地繼續等待遲遲不來的糧草，只好草率出營，決一死戰，卻落到戰死沙場的下場。這支清朝軍隊，論人數、實力，都遠遠超過敵軍之上，卻因朝延的人事傾軋，有人從中作梗遲撥軍款，結果還是輸在自己人的手裡。而三百年前的戰爭型態，已具經濟戰的模型，三百年後的戰爭，更是需要以強盛的經濟力爲後盾。

幸運的布希有團結的國會當後盾

畢竟「有錢走通天下，無錢寸步難行。」布希在民間的聲望也因爲府會充份合作而上升到新高點，於法案通過的隔天，布希馬上簽下這個四百億美元的決議案，並交由行政單位去執行。

這也就是爲什麼國會在短短兩天內就通過這個法案的原因。

而這一個法案的迅速通過也讓我驚訝不已。當初我在報社時跑的是政治新聞，時常要去州政府採訪州議員，所以對法案的流程有一些認識。

每一個法案必須由議員們或行政單位提出，在提出擬稿之前，議員和行政單位會舉辦所謂的公聽會，邀集一些相關單位，民間機構和學者專家前來探討法案的適當性以及應涵蓋的範圍。公聽會後，其一委員會（例如經濟或教育委員會）的議員們當場表決這個提案是否成立。當通過後這個提案會被編入議程當中以供表決，而表決通過之後必須再送交另一院表決（例如參議院法案送交眾議院，眾議院法案送交參議院）。

當參眾兩院對彼此的法案中有不同意見時，這些法案會被退到原來的議會並由兩邊的委員會折衷協調，做出兩院都可接受的決議之後，再送上表決。等到此法案通過兩院之後，再承交州長簽字執行。

州長對法案擁有否決權，如果決定否決這個法案，必須向國會及媒體解釋其原因，那麼這個法案就又回到兩院。如果兩院決定再送交同一個法案給州長，而州長還是選擇否決此法案，這個法案也就宣告胎死腹中。如果州長同意簽字，那麼這法案也就順利通過，再交由相關單位執行。

州政府的制度是如此，中央聯邦政府也是如此。只是州議會成了聯邦議會，行政首長成了總統。而在美國無論是州政府或是聯邦的法案通過率都不到百分之十五，而且也有效率不彰，法案坐等表決的缺失，但是美國會在短短兩天內，擬定決議案並送交布希總統簽字的明快效率，不只是穩定民心，更是向國際社會宣示了支持布希打擊恐怖主義的決心。

布希何其有幸有一位輸得起且雪中送炭的可敬對手，還有兩個全力支持讓他無後顧之憂的國會和團結一致的民眾，布希領導的反恐怖分子行動無形中已往前邁開一大步。

紐約市長創造政治生命第二春

布希在對國會的演說中公開讚揚在這次救災中將危機管理的精髓發揮得淋漓盡致的紐約市長朱利安尼。布希稱讚他的領導能力讓受重創的紐約在廢墟中站穩腳步。

朱利安尼已連任兩屆紐約市長，在面臨無法連選三任的限制下，在今年的國會選舉中，原本有意和前民主黨柯林頓總統的妻子希拉蕊一決高下，但是由於發現身患癌症，才黯然的退出選壇。

但是這次的世貿大樓遭受攻擊的事件，讓大家對表現良好、指揮得宜的市長重新評價，很多人也在猜想他的政治生涯一定不會就此結束，但一場９１１事件，卻改變了他的命運。

朱利安尼在獲知世貿大樓遭受攻擊後，馬上進駐附近坐鎮指揮，先下令封鎖世貿大樓附近的街道，除了有安全上的考量之外，也能讓救難人員順利進出，並且也下令封鎖聯合國帝國大廈等顯目且具歷史性的地標。因爲這些建築物隨時有可能會是恐怖分子下一波的攻擊目標。這也就是在危機管理中最重要的一環——控制損失。

離飛機撞上世貿大樓不到兩小時，市長就馬上透過媒體呼籲市民盡量待在家裡，不要隨便外出。並下令緊急疏散世貿大樓附近的商家、住宅，以免這些市民被從世貿大樓崩落的水泥磚塊擊傷。

朱利安尼市長並在當天下午，緊急恢復大部分的大眾運輸系統，這讓許多接到疏散令卻無法離去的民眾，可以順利回家。

他也在記者會上，表示還有許多人埋在瓦礫堆下，並承諾政府會盡全力去營救這些受困無助的民眾。雖然市長可能早就知道能在大樓倒蹋的廢墟中找到生還者的機率微乎其微，但他還是希望大家要耐心等候消息，不要放棄任何的希望。

當晚，市長宣布隔天紐約所有學校停止上課一天，並且呼籲正從各處趕抵紐約的志工趕快回家，因爲已經有太多的人參與救災工作了。細心的他並且下令所有主要大樓晚上不准開燈，以免在夜空中成爲醒目的攻擊目標。

市長也趕著在週一股市開盤前，將這個世界的金融中心回復到事發前的狀態。他一直勸導民眾把生活作息調回到平常的形式，他說：

「要讓恐怖分子覺得他們沒有成功的最好方法，就是我們的生活回復到過去的正常狀態。」

（The best way to deprive the attackers of victory is the life of the city goes on.）

金融和觀光是紐約的兩大命脈，去年紐約市的觀光收入高達一百七十億美元，但是今年由於經濟不景氣，遊客驟減，事發後，又有很多商務人員打電話退房，深怕受恐怖行動第二波攻擊而無辜受害。

金融更是紐約市賴以維生的重要產業，就業人口的一大部分在遭受這次攻擊後，預估紐約市的地產會下滑，但其世界中心的金融地位，應該不致於受創。

市長深知金融業對紐約市財源的重要，因此致力於恢復交通、運輸等城市機能，讓股匯市場能順利運作。

紐約市長的危機處理能力不只獲得很多人的讚賞，更把自己原本夕陽無限好只是近黃昏的政治生命，從瀕臨下市邊緣的水餃股，轉眼間變成了熱門的績優股。

美國坐鎮指揮的辦公室文化和台灣的走動式管理

紐約市長甚少出現在世貿大樓現場指揮救災，因爲他知道他今天扮演的角色，就是要尋求州政府和聯邦政府的協助和恢復紐約秩序，就算是親臨現場或是在殯儀館安慰受難者的親友，也是單槍匹馬沒有其他官員隨行，或是媒體跟隨採訪。這和我們現在政府官員流行的走動式管理大大不同。

台灣現在官員的走動式管理，說穿了就是作秀式的管理，台灣每當有災難發生後，總會有一大堆的政府官員前呼後擁在媒體的燈光下巡視民間疾苦，帶給災民極大的不便，而這些走動式管理，就是類似我們古代皇帝的微服出巡，每次這些皇帝或官員出巡時總是會看到很多不公平的現象，一些貧苦百姓也會得到救肋。但從相反的角度來看，他們處理了能看到的事，但是那些他們看不到的民間疾苦，又要交給誰去處理呢？

所以這就是人治和法治的不同，一旦一個國家的政治法律制度上了軌道，那麼政府組織各司其責，各盡其份，對公事一視同仁地予以管理幫助，才不會發生有看到民眾疾苦有處理，沒被看到的人自認倒楣的情事。

奉勸政府官員多做事少作秀，災難發生後，民眾需要的是折衝協調、調度指揮的政府，而不是事先通報媒體前去災區聽取怨言，然後拍拍屁股走人不做事的政府。

而政府採取什麼樣的管理方式取決於有什麼樣的人民，這年頭官員做在辦公室埋頭苦幹，只會被批評躲在象牙塔不知人間疾苦，一旦出外巡視就會被指作秀帶給民眾不便，弄得這些官員每當災難發生後，坐也不是、站也不是，怎麼做都會動輒得咎。

這次災難紐約市民受創甚深，但我們看不到破口大罵政府辦事不力的災民，也看不到大聲指責「你爲什麼要讓災難發生」的居民，只有堅守崗位各司其職的民眾，這也就是爲麼紐約能在短短幾天內恢復城市機能的主要原因。

美國聯邦危機管理局的危機處理

危機管理四階段

早在一九七九年卡特總統執政的時代，美國政府就成立了因應緊急災難的「聯邦危機管理局」（Federal Emergency Management Agency）。這個單位合併原本隸屬其他部會負責危難管理的另外十個相關單位，專門負責危機災難的處理，而這個管理局在這次的災難中也發揮了應有的功效，在指揮調度，後勤補給方面做得有聲有色，絲毫沒有給外界群龍無首，調度無方的印象。這個單位的政策便是把危機處理畫分成四個階段，分別是舒緩、準備、回應、復原四個階段。

舒緩階段即是把災難極小化，並加以控制其發生之範圍，比如說在豪雨來臨前先把民眾撤至安全地帶，把損失控制在物質硬體方面，而不造成任何人身的傷亡。

但由於這次的自殺攻擊事件來得太突然，連情報單位都無法預知恐怖分子的行動，也因此這個單位在這次事件中並沒有經歷這個階段。

第二階段的危機管理，是事前的「準備工作」。例如對於教育民眾在應付緊急事變的應對能力和對自己內部員工的專業訓練。這個單位中有許多負責在事發現場緊急救難的小組成員，擔任掃除障礙、於黃金時間救出受困民眾的重責大任，平時的教育訓練自然是「準備」階段的重點。

第三階段即是危機發生後的「回應階段」，危機管理局在獲知世貿大樓倒蹋後，馬上派遣十個救難小組前往現場尋找困在殘骸底下的生還者。七個救護站就近設立在紐約大都會的中心，提供救護、膳食，安排災民撤離至安全地點的重要任務。

這個單位也指揮民間的慈善單位，例如紅十字會和救世軍，將救災物災和膳食器材就近運到世貿大樓附近，才不致發生政府和民間救災資源重疊反而擔誤救災的黃金時間。這個單位也馬上和紐約州政府協調找到了一處可以容納世貿大樓斷垣殘壁的傾倒處，將一車車的水泥塊運到該處丟棄。

最後一個危機處理的階段就是「復原階段」。此單位將運用由中央撥下來的經費來協助災民重建家園和清理復原受災地區。

由大方向來看，此次的救災中心——聯邦管理局，充分獲得各政府單位的支持，充份發揮平時訓練有素的成果，指揮調度和分配工作井然有序，而救災的人物和物力也不致因爲群龍無首或領導無方而有功能重疊、能源浪費的現象。

台灣九二一地震後資源重疊、群龍無首現象

在九二一地震剛發生後，台灣各地的救災物質和救難人員源源不斷擁入災區，但政府卻沒有一個控管中心來做適當的安排，導致這些資源受到不當的利用形成資源浪費的現象，有些災民甚至還嫌棄過多的物資佔掉他們的居家空間，到現在有些地方政府還爲處理九二一地震後留下的救難物資而發愁。

其實政府大可利用新聞媒體呼籲全國人民捐獻的物資交由政府來分配，但由於政府缺乏救災的統一指揮機構，更由於公信力不夠，人民對政府救災效率的信心低落。反而是宗教團體深入災區，成為人民口中的「地下救災政府」，任何行動總是早先政府一步，在人民心中政府的效能也就更加低落。

如果政府能夠以這次的恐怖事件為鑑，成立一個專職救災的機構以迅速反應的行政效率和完善的事前教育來贏得人民的信任，每當災難來臨時，政府有能力領導慈善單位協力救災，並把各地捐款物資做有效率的分配，那麼人民也會樂於配合政府的救災行動，政府的效能也可以得到彰顯。

死守家園的迷思

其實台灣政府為人詬病救災的效率不彰，民眾也要負一部分的責任，我們時常在電視上看到政府下令緊急撤離時還是有人反抗命令死守家園，縱使消防人員好話說盡，這些頑固的人還是不為所動，等到發覺身處險境才要消防人員趕快前來救援，而很多的救難人員就在這些受困民眾的呼救聲中不顧自身危險馬上前往災區救援，卻在路上遭逢不測，落個因公殉職的下場。政府也似乎對這些浪費人力物力的民眾無能爲力，任由這種情況一再的發生。

如果一個有爲的政府卻沒有民眾來配合其政策的施行，那麼這個政府遲早會變成什事都做不了的軟腳蝦。

在這次事件中，美國政府下令民眾撤出紐約曼哈頓一帶，在聯邦機構上班的職員和聯合國大樓也奉命撤離，沒有抗命繼續留在家裡或工作崗位上的人民，只有遵守政府命令的人民。這種高度自制自律人民也就是先進國家才有的象徵。

美國比台灣還不自由？

我曾和從小就移居舊金山的表妹聊到美國自由的程度，她說：「美國在某方面並不是個自由的國家。」

「會嗎？美國不是自稱是自由和民主的捍衛者嗎？」我滿心疑感地惑地問道。

「我告訴你，我們隔壁新搬來一位鄰居，這位鄰居對人還不錯，但是卻從不清除他家前面的花園，任由雜草長得快比人高也不處理，而且也不聽別人的勸告，結果社區委員會開會決定強迫把他趕走，每天在他家前發動抗議，過沒多久，他受不了就遷走了。」

「所以說就算我家裡再怎麼亂，我也不敢讓前面的庭院雜草叢生。」

以我的觀點來看，我家前面的庭院只要不要環境髒亂，干別人什麼事，別人沒有多管閒事的權利。但是在美國稍具規模的社區，我的觀念馬上遭受到挑戰，在我住的地方一大早就會有除草機隆隆作響的聲音，假日時總是見到三三兩兩的家庭忙著種花除草。因爲看到大家都在美化家園，對園藝一竅不通的人，也被迫要注意環境美化，或是聘請除草公司來幫忙。

聰明的比爾蓋茲

美國的電腦軟體富豪比爾蓋茲也曾相中了一塊大空地，馬上大張旗鼓的大興土木，但週遭的社區卻抗議這一棟大宅院和其他社區的建築格格不入，且工程的噪音也影響居民的安寧，聰明的比爾蓋茲馬上每逢週末就開一個派對，廣邀鄰居，做好公關工作，再要求設計師稍稍微修改宅院的設計，才平息眾怒，順利地把房子蓋好。

可見美國的自由是有條件的自由，當個人自由和群眾利益相抵觸時，犧牲的必定是個人的自由。而這個觀念並不只是美國政府的口號，也是美國人民的共識。

例如，在這次災難中有許多的美國人表示，他們願意忍受登機前嚴格的檢查和拉長的待機時間，並願意犧牲部分人身自由賦與情治單位更大的權利。當群體利益和個人利益衝突時，捨個人救群體就是美國人的選擇，而他們並沒有把犧牲小我完成大我時時掛在嘴邊，反而是把這個觀念落實在現實生活中。

阿媽的五千塊

「你知不知道你阿媽捐了五千塊？」我媽在吃飯時對我說。

「為什麼？」我滿心疑惑地想，阿媽節儉到連吃飯時電燈都捨不得開，怎麼會一次就大方地捐五千塊呢？

「她鄰居多年前被政府徵收了一塊地，政府現在要拿來蓋籃球場，這個地主卻死也不肯交出來，直嚷著要多一點錢。」

「那跟阿媽有什麼關係？」

「因為鎮長基於選票的考量不敢強制拆除，阿媽的鄰長只好向大家募款。」

阿媽因為不忍心看到興建籃球場的計畫，因一個人的私心而胎死腹中，大方地捐了五千元。

當群眾利益和個人利益相衝突時，政府並沒有善盡責任伸張公權力處罰無理取鬧的人，反而還樹立了一個「哭鬧的孩子有糖吃」的典範。

「劣幣驅逐良幣」或「良幣驅逐劣幣」？

剛到美國時我絕對不是個遵守交通規則的好駕駛，我曾被警察攔下，原因是超速（如在三十公里的速限區開三十五公里）外加沒繳牌照稅、沒帶保險卡。還好這位警察看我配合度甚高只給一張罰單，算是不幸中的大幸，但是二年後，我發現我開車變得溫文有禮，見到行人穿越道路時一定減速慢行直到安全抵達另一端。遇到校車停車時一定乖乖地靠邊停等到小孩下車跨越馬路才從快車道超車，遇到救護車更是馬上靠邊停。我並不是突然良心發現，而是美國人的守法精神讓我在不知不覺中潛移默化。再怎麼樣也不能在美國丟了台灣人的臉吧！雖然有人說我長得像日本人。

還記得「橘化南為枳」的故事嗎？

在春秋時代的晏子出使楚國時，因楚王與齊國不和，有心羞辱長得矮小的晏子，楚王安排了一個齊國的囚犯，故意把他在宴會中帶上來，質問晏子爲什麼齊國會在楚國犯案呢？

晏子非但不感到羞愧，反而大言不慚地說：「北方的橘子拿到南方種就變成了枳。這個人在齊國是一個奉公守法的者百姓，跑到楚國後卻犯案不斷，這就表示問題是出在楚國而不在齊國。」

晏子的機智爲齊國扳回一城，楚王也對這個身高不到五尺的使節另眼相看。可見人會受到大環境的影響而改變。

在台灣我看到很多人都不守交通規則時（包括我自己），我總是安慰自己，這一定是政府交通制度設計有問題。這近年來，我可以感受到政府致力於改善交通設計的苦心。但交通違規事件，卻沒有隨著國民所得的提高而有任何的改善。常看到在一線道上很多後到的車輛先停在機車道上，等紅燈一亮再加速切入汽車道，這種佔人便宜的行爲和買東西時插隊有什麼不一樣？當我們身邊充滿這些佔人便宜的行爲時，我們早已習爲常，但是這對那些奉公守法的人公平嗎？

周遊數國後，有一個深深的感觸——一國的國民道德和國力的強弱，都會反映在國民遵守交通規則的程度和日常生活中。

而判斷交通水準的標準就是閉著眼睛去傾聽去感覺，如果喇叭聲不斷，司機踩油門多，煞車少，這一國家必定道德水準低落，如果是相反，那麼這個國家必定是個強國。

上海的捷運和台北捷運

今年六月底，我去大陸上海的朋友家住了兩個禮拜，發覺上海的捷運和台北捷運竟然如此的類似，差不多的完工日期、明亮的設計、乾淨的車廂，但不同的是乘客的行爲，已經習慣排隊的我就在售票口前卻買不到票，原因是小小的窗口像逃難似的擠滿了握著零錢的手，每個人都在拉高嗓門大吼大叫，深怕引不起售票員的注意，教科書上不是用吳儂軟語形容上海話的好聽嗎？我卻不覺得大吼大叫有什麼好聽。我的大陸朋友知道我就算站了一小時也買不到票，從我手中拿下錢，馬上加入難民潮，不出數秒，她得意的把票拿了回來還丟了一句：「你在上海永遠也買不到票。」

我心中不禁感慨萬千，如果這些人安安靜靜遵守規則排隊買票，每個人一定會提早拿到票，如果我今天住在那裡，總有一天也會入境隨俗地加入難民潮的行列，那豈不是也成了另一個最佳的錯誤示範？

第五章

小心自己的危機變成別人的轉機

小心從危機中得利的狐狸

911事件爆發後，媒體將巴勒斯坦人對空鳴槍大慶祝的畫面傳送到全世界，引起大多數美國人的不滿。

以色列基於民氣可用，只不過用的是別國的民氣，馬上趁亂對巴勒斯坦人展開「子彈對石塊」的高壓手段，例如派遣坦克進駐巴人自治區，開槍射殺投擲石塊的民眾，以巴之間衝突一觸即發。

另一方面，以色列也向美國表明願意提供情報及以軍的特種部隊等軍事協助，想要把美國拉至同一陣線，以對抗暴動頻仍的巴勒斯坦人。一旦美國接受以國協助，不就等於是公開和眾多回教國家過不去。

美國也不是省油的燈，馬上識破以色列趁火打劫的計謀，而謝絕以色列的「好意」。

其實，以國際利害關係而言，全球每個國家都藉由支持美國的舉動想要獲得某種程度上的利益。

法國素來與美國不合，很多國際議題上都喜歡與美國唱反調，非常排斥英語和美國的好萊塢文化。但是這次法國總統卻因在國內弊案纏身，馬上高唱軍援美國，試圖轉移國內反對他的聲浪。

俄羅斯也想藉由支持美國的反恐怖主義，來對付國內想爭取獨立的回教組織。

巴基斯坦更是這次９１１美國國難的大贏家，美國爲爭取巴國的支持，大方地免了巴國的四十億美元外債，提供經濟援助，還解除了對巴國實行三年的經濟制裁。巴國馬上不顧和阿富汗密切的關係，馬上宣佈願意充分和美軍合作。

狐假虎威

有個歷史故事，可以描述９１１事件後，世界各國擺盪的現狀。

中國春秋戰國時代，楚宣王有一天就聽到西方的國家很害怕他的宰相昭奚恤的消息，他問群臣爲什麼，沒有人答得出來，這時一位大夫江乙就說：

「以前有一隻老虎抓到一隻狐狸，這狐狸就自稱是上天派下來統治森林的使者，老虎半信半疑，狐狸跟老虎說不信我帶你去走走。老虎就跟在狐狸後面，果然百獸見到狐狸紛紛走避。」

江乙又說：「今天大王把百萬雄兵交給昭奚恤，別人怕的是你，而不是狐假虎威的昭奚恤。」

今天想藉美國國難「狐假虎威」的絕對不只是以色列，各國都想加入美國爲首的反恐怖聯盟再藉機要求美國做實質的武器、經貿援助，一旦美國不分青紅皀白地將經費、武器提撥給這些國家，然後這些國家再利用這些資源去攻打鄰國，強化獨裁政權，鎭壓民眾消滅異已，打擊國內獨立聲音，那麼這些遭受迫害極思報復的人也會在美國頭上計上一筆，那麼美國豈不是因小失大處處樹敵，花了大把銀子買了好幾個黑鍋背？

發起這個恐怖攻擊的組織也想讓美國掉入它自己挖出的陷阱，一旦強硬不顧國際反應的美國處理不當和回教國家起衝突時，恐怖組織就可以坐收漁翁之利。

我們把這個道理放到企業經營管理時也是一樣。企業遭受危機時，往往是另一個在一旁虎視眈眈的企業入主經營權的轉機，此時企業的領導人就必須看清楚，這些大方地表示要提供紓困融資貸款或策略援助的企業眞正的目的。如果只是因爲急於解危，簽下了種種的不平等條約，那無異是飲鴆止渴創造了更多的危機。

吳三桂大開城門引清兵入關

當初滿人不是以幫助吳三桂掃蕩群雄的藉口，才騙得吳三桂大開城門，甘於做異族的馬前卒，滿清才得以入主中原建立大清帝國。

而五代時的兒皇帝石敬瑭，也是爲了要推翻後唐皇帝李從珂才會向北方異族契丹求援，條件就是認小自己十歲的耶律德光爲乾爹，年年納貢，並割讓燕雲十六州。契丹馬上把握這個千載難逢的機會，突破長城進駐中原，連續騷擾中原地區達兩百年之久。

所以，當我們受困難時，若前來幫助你的人絡繹不絕，千萬要留些心眼，不要以爲是你平常做人有多成功對人有多好，而對這些伸出援手的人感動得痛哭流涕，以爲他們是要來報答你的恩情。其實當中不乏披著羊皮的狼，一旦引狼入室，那麼小則企業不保經營權拱手讓人，大則傾家蕩產，被害得連棲身之所都沒有。小心把自己的危機，變成別人的轉機。

美國持續潛伏的危機

像齊宣王的美國

鄒忌是戰國時代齊宣王手下的大夫，他眼看著齊宣王被一些小人的包圍，每個人都爲了取悅於他紛紛說一些阿諛奉承的話，賢人志士也因此不願對國政提出任何建言，某天鄒忌就對齊宣王說了一個自己的經驗。

某天與鄒忌素未謀面英俊瀟灑的徐公約鄒忌三日之後會面。由於鄒忌身高八尺長得風流倜儻，就興起了一較高下的勝負心。

他回家後馬上問他的元配夫人，到底誰比英俊，夫人回答他：「當然是你比較英俊。」

鄒忌覺得不放心，又問自己的小老婆同樣的問題，小妾也說他比較英俊。他開始喜不自禁，但還是不放心，又問了自己的僕役，還是得到相同的答案。

當天，鄒忌自信滿滿容光煥發地前往會面地點，到時一看徐公帥氣的相貌和優雅的風度，才知道原來自己還差了一大截。鄒忌心想為什麼週遭的人都在欺騙自己呢？原來是身邊的人都不忍心說出實情讓他傷心。

鄒忌又對宣王說：「今日大家因為要討好你而說盡好話製造出一個個的假相，讓你覺得自己是天下最睿智的賢君，但是國家卻一天天地衰敗。如果再不振衰起敝聽取忠言逆耳的建言，那麼不久後齊國就要滅亡了。」

今天的美國就像是眾星拱月倍受呵護的齊宣王，大部分國家對美國言聽計從，少數不聽話的國家就被稱為流氓國家。

因為美國是一個精於融合各地生產活動的國家，它建造了一個分工精細，社會合作的經濟體系，藉由多元化全球化的事務管理和外交機制，把每一個國家都列入其精心架構的全球經濟體中，如果有那一個國家不按照她創造的模式和規則去行動，就會遭受到經濟或武力的制裁。美國領先的科技和全球獨霸的貨幣金融結構也讓美國能確保領導全世界的中樞位置。

美國在建構心中理想的全球架構時還是無可避免地以自我爲中心，以美國本身的利益和意識形態去支撐這經濟軍事外交上高度一元化的中心，其他國家並無力也不願意去和這個強權對抗。

依附在美國經濟體下的國家以美國馬首是瞻，即使和美國有些零星衝突，也只有忍氣吞聲忍辱負重。

因爲歷史的現實告訴我們，和美國作對的國家絕對不會有好下場，將美國趕出中南半島的越南至今還在貧窮線下掙扎，昔日冷戰時期稱霸一方的蘇俄也因經濟改革失敗而一蹶不振。

不少東方國家，也習慣了以美國的聲音爲聲音，以美國的意見爲意見，對美國的政經制度及語言文化也不加思索地照單全收，並善用「老二哲學」，來解釋自己路線的正確。

其實，我們崇拜美國的富強，但也忽略了強盛的美國也有其不堪的一面，例如種族歧視所造成的種族隔離，貧富不均擴大的現象，人民無法獲得全民健保，非主流的聲音無法得到適當尊重，犯罪率高漲等現象。

「台灣阿誠」的鍍金之旅

台灣有齣相當出名的連續劇「台灣阿誠」，或許可以解釋一些就是崇美的現象。

阿誠是台灣一個樸實善良的年輕人，自從去美返台後，就好像是鍍了金一樣處處受到眾人的呵護及肯定，穿著談吐、辦事能力都和出國前判若二人，身分地位也和以前大不相同。以前對他的出身頗爲不齒的人也紛紛對他表示肯定，原因就是他是曾經「過鹹水」的人。

歸咎其原因就是在近三百年來台灣在外國武力和經濟文化的侵略下我們對我們自己的語言，文化、制度已喪失自信。我們以買外國貨、說英文爲榮，買股票要以外資爲指標，花再多錢也要送小孩出國留學，買書也要買受諾貝爾獎肯定、以前在國內卻全無名氣的作家，上班要在外商，電影要送到外國參展。台灣是如此，其他國家也是如此。

我們對美國的肯定及美國對自己缺乏反省能力就塑造了一個活在光環下

自認為當世聖君的新「齊宣王」，卻沒有國家想當敢冒犯龍顏的新「鄒忌」。

美國無法從別國的唯唯諾諾和有自己自大狂傲的本性中看出問題的本質，當美國和他國間衝突出現後，美國只會認為自己絕對是站在正義的一方，而看不到自己的黑暗面，美國新聞媒體曾播出一則富含深意的事件，美國多年來飽受毒品傾銷所苦，花下大量經費甚至派出軍隊到哥倫比亞去剿滅毒販，多年來還是沒有成效。

當記者訪問一名哥倫比亞人時，他就疾呼美國要先檢討自己後再苛責別人。他說如果美國對毒品沒有需要的話，那麼哥倫比亞的毒梟就會因為沒有生意做而自然消失無蹤。美國如果有廣大的毒品市場，那麼就算把哥國毒梟消滅殆盡，美國市場還是能馬上從別國找到替代的貨源。所以美國應先教育民眾和訂立嚴刑峻法去對抗毒品，而不是一再地指責別人把毒品傾銷到美國。

這位仁兄對美國的建言，其實也就是美國持續潛伏的危機，但美國似乎好像還是沒有聽進去，近來美國還是大量經援哥國，哥國依然大量對美傾銷，毒梟照舊快樂地數鈔票，美國很多人仍然有海洛英吸，這世界照常沒有改變。

自大的美國朋友 Jordan

有一次我和美國朋友 Jordan 去餐廳吃飯的途中，他突然問我一個問題：

「爲什麼你們距離的計量單位是公里，而不是英哩？」

「這我也不清楚，但是我相信我們的政府在決定用公里計量時，一定有它的目的和考量。」

「那爲什麼你們用的是公分，而不是英吋呢？」

「公分是比較簡易、較科學的用法，因爲英吋是逢十二進位，所以使用起來較爲麻煩。」

「那你們應該全部改掉，用我們的度量衡才對，因爲美國制度是全世界最好的，也就是因爲美國有最好的制度，才能成爲最強的國家。」

Jordan 的話乍聽之下有它的道理，台灣不是很喜歡抄襲美國的制度嗎？

但我不厭其煩地開始對他解釋：「我不否認美國現今是全世界最富強的國家，但卻不表示她的所做所爲和政經制度都是對的，當成吉思汗東征西討建立世界上前無古人後無來者縱跨東西的蒙古帝國時，並不代表他爲佔領一地而屠殺人民的行爲是對的。當希特勒四處侵略擊潰英法聯軍，佔領大部份歐洲大陸時，並不代表他對猶太人無情地殘殺是對的。任何事物都有好的一面也有壞的一面，而這個世界也就因爲有各種不同的聲音而樂趣橫生。不同的意見和制度就好像是一面鏡子，讓我們進一步看清楚本身的優缺點。就好比說只有一顆蘋果並無法判定其好壞，因爲無從比較，但如果我們有一大堆不同品種的蘋果，我們就可以去判斷這顆蘋果的優劣，此時就算是最苦澀的蘋果也提供了我們一個判斷比較的標準。」

我又說：「在八〇年代，日本是世界上最強的經濟體，日本企業雄心勃勃地要進入美國市場，連一些美國地標性建築物，眼看都要落入日本人之手，美國人感到驚慌失措，一方面美國痛定思痛，在國際市場上開始反擊；另一方面，美國以提高關稅及貿易談判的方式，阻止日本對美國發動的經濟攻勢。但是事後，美國對日本經濟強勢的自卑也反映在她的娛樂文化上，每當美國電視上有日本人出現時，一連串有歧視意味的笑料也隨之而出。在九○年代之後日本陷入經濟困境，十年之間左衝右突還是陷在經濟衰退的泥沼之中。專家分析日本企業的同質性太高是日本經濟衰退的主因，日本企業的優點、缺點和商品市　場都差不多，一旦外界環境產生大變化，物競天擇時，能在逆境中生存獲利的企業少之又少。但這些論調早在八○年代有人提出，日本卻因爲眼前的光鮮亮麗而無人加以重視，這也就是生物學上近親通婚只會突顯缺陷的道理。」

他不以爲然地搖搖頭：「日本只是繁榮十年，但美國的富強會一直維持下去。所以你的論調行不通。你想想如果世界上所有人都說英文，各大民族間就可以溝通無礙；大家再加入以美爲首的全球經濟體，每個人安居樂業，那麼人類的第一個烏托邦就會隨之出現。」

我當時恨不得把車撞入前面的車陣中，但還是忍住了。

「每個語言都有其發源背景，也就是因爲不同的語言，才能讓我們見識到人類發音能力的奇妙。而每一種語言都有其語音優美，並具有保存文化的功能，我們應尊重語言的多元化，而不是消滅它。」

不過說了一大堆，連平常少用的英文語彙都用出來了，我還是有對牛彈琴的感覺。

驕傲自大就是在製造危機

驕傲會產生自大，自大會令人狂妄，狂妄會使人眼觀四方卻視而不見。

這位美國朋友的言論並不代表所有美國人的立場，但這種唯我獨尊的念頭在每個美國人的身上多多少少都可以找到。

例如在９１１事件發生後，紐約時報的一位專欄作家就表示，恐怖分子會攻擊美國的原因就是因爲支持個人主義、資本主義、民主主義並維持世界新秩序的美國，是全世界最強大的國家。她所奉行的主義，也應該是全世界奉行的標準。而那些憎恨美國的人，卻要我們為他們貧窮落後及對自我文化的困惑負責，因此把他們的嫉妒和憤恨，發洩在這個世界上最強大的國家。

由此可知，美國人並沒有在這次事件過後提高自己的反省能力，反而因為無辜民眾的傷亡而落入根深蒂固的善惡二元論。總是認為自己的立場是對的，永遠站在正義的一方；而自己的對手永遠是錯的，並且將之視為撒旦邪惡的化身。

老子說：「物極必反。」日正當中、烈焰當空，也有日落西山、夕陽西下的時候，而美國如果不放下這種「眾人皆醉我獨醒」，「捨我其誰」的心態，從不反省自身行為的正當性，一味地指責別人，那麼就會犯下危機管理中最大的錯誤——創造危機。

戰略成功比戰術勝利更重要

打擊恐怖分子最著名的國家就是以色列。這個國家全民皆兵，連女性也不例外，一旦遭受攻擊無論確不確定主事者是誰，一定會有隨之而來的反擊行動，週遭國家也因和它衝突不斷，不時遭到炸射或短暫的佔領，即使是巴勒斯坦解放組織的重要人物，也紛紛被以色列的情報人員一一暗殺。

每當軍事雜誌在做等種部隊評比時，以色列的部隊一定是榜上有名，名列前矛。因爲以色列的特種部隊驍勇善戰，訓練精良，從來都不接受恐怖分子的要求，所受的訓練就是寧願犧牲人質，也要將所有的恐怖分子擊斃。

以特種部隊勇闖烏干達

在一九七六年，一架從以色列飛往巴黎的法國噴射客機，被巴勒斯坦人民解放陣線的成員所挾持，這些恐怖分子要求以色列釋放被以囚禁的巴人。

這架客機輾轉飛到對以色列素無好感的烏干達，以色列不動聲色一面和歹徒周旋，一面沒有經過烏干達的同意，派了三架載有特種部隊的軍機低空飛越三千多公里後，突擊位於航空站的歹徒，以國的特種部隊不但擊斃了七位恐怖分子，更擊退烏干達駐守的軍隊控制了機場，再從容不迫地載著人質離開。

以國特種部隊平時所受的訓練，在這次漂亮的戰役中徹底發揮，寫下了戰爭奇襲術最輝煌的一頁，各國軍方也將這場奇襲列入教材。

戰術成功，戰略卻失敗的以色列

以國的風光和恐怖分子的灰頭土臉形成了強大的對比。從戰術上看來，以色列是這次衝突的大贏家，但是從戰略上來看以色列卻是個輸家。以色列對巴人強烈的鎮壓只是招致巴人更強烈的反彈，這些反以的情緒就像是一個彈簧，受的力道越大，這個彈簧只會跳得越高。以色列一味的以軍事行動和暗殺行動來對抗巴勒斯坦人，卻從來都不反省強壓政策的適當性。漸漸地以色列走向冤冤相報的深淵。

以色列習慣以猶太教來解釋他們做法的正當性，因爲在他們的宗教中，上帝只會眷顧以色列人，其他人都是二等公民。

當這些失去土地四處流浪在貧窮線下掙扎的巴勒斯坦人，在無法尋求正義時，由恐懼，怨恨所衍生的絕望，就會讓他們喪心病狂，做出一些令人髮指恐怖事件。因爲當人已一無所有、連活著的希望都沒有的時候，只會走上毀滅自殘的道路。以色列也是扮演把這些人逼上絕路的「推手」。

戰略失敗的代價

以色列贏得反恐怖專家的美名，但是他的人民，卻每天都活在如影隨形的恐懼中，在市集買菜時，深怕有一顆視死如歸的人肉炸彈正要爆炸；在坐公車時，還得四處張望，害怕路旁竄出的恐怖分子會開槍胡亂掃射；落單時還得趕緊跑到安全地區，以免被巴勒斯坦的暴民活活打死。而這些就是以色列以暴制暴，打擊恐怖主義所要付出的代價。

第六章

人類危機的原始根源

我們總天眞以爲，新的世紀會帶來的新的希望，人類可以用更精進的科技去控制頑強的疾病，生化科技帶來的大產量可以解決飢荒的問題，但我們卻不知道需要進步的不是科技，而是人的「心」。佛家說「貪、嗔、痴」是人類苦痛的根源，人類的痴迷，怨念，貪婪並沒有隨著新世紀的開展，而有任何轉變。

貪心

因爲「貪」我們才會爲一已之私濫墾濫伐，忽視大地哭泣的聲音，電視廣告一再地鼓勵消費，工廠不斷地消耗能源生產一些我們根本不需要的東西，我們卻不知道能源是大地所共有，是人類必須和世間萬物，甚至是人類子孫分享的寶藏，我們毫無節制地消耗能源，再阿Q式地強迫自己相信，我們有能力在耗盡一切時找到新的代替能源。

怨恨

我們就是因爲「嗔」，才把二十世紀前所留下的恩怨情仇一併帶入新的世紀。天眞地相信，大規模戰爭再也不會爆發，人們也不會再因意識型態的紛爭而自相殘殺。弱者把自己承受的苦痛，加諸到無辜的別人身上，強者把快樂建築在別人的痛苦上。我們也把上一代的衝突、矛盾、仇恨傳遞給我們的下一代，讓他們背負著千古累積下來的恩怨情仇，步履蹣跚地繼續往未知的地方邁進。

北愛爾蘭的紅藍白線

北愛爾蘭首都，路旁都有藍白紅相間的標誌，我本來以爲是特殊的停車標誌，類似我們的紅線、黃線，後來才知道他們是以不同的線來標明，這是天主教或是英國國教的社區。

北愛衝突由來已久，英國於數百年前，就攻佔了北愛爾蘭並大量殖民，

所以大部分移民，都是信奉英國正教，而在北愛爾蘭土生土長的愛爾蘭人是信奉天主教。英國移民贊成英國繼續統治北愛爾蘭，愛爾蘭人贊成愛爾蘭統一，這兩派人馬間互不相讓，在明顯偏坦英國移民的英國，以強烈鎮壓手段對付信奉天主教的愛爾蘭人後，由親天主教組成的恐怖組織新芬黨，就不斷地攻擊英國政府。

雖然，近年來北愛和解的氣氛日益高漲，但我們剛到時，首都附近的一座橋樑，就遭受到炸彈攻擊，其中一位曾經參與北愛紛爭的人，剛好是擔任我們的講師（長得很像新芬黨），他告訴我們，在北愛爾蘭的社會場合中，無論是小孩或大人，見面的第一句話，就是問你是天主教徒還是英國國教徒，如果知道對方是異教徒，就會別過頭去詢問下一個陌生人。

我們才知道地上的標誌是在警告異教徒——別踏進我們的社區。

憤怒、怨念可以讓同種族、說同語言的人活在同一個國家卻劃分國中國、老死不相往來。這些派系分明的社區對異教徒來說就形成了一個個的禁地。如果我們繼續讓因宗教政治的差異所產生的仇恨繼續蔓延，那麼人類還有什麼資格去企盼一個美好的未來？

癡迷

我們就是因爲「癡」才會接受虛幻的假相，而忽略了事物的本質。

在九一一事變剛發生時，連美國都不知道誰是眞兇時，識時務的台灣政府馬上下令警察機關清查「中東籍」旅客，難道恐怖分子就一定是中東籍嗎？這種不分青紅皀白、具歧視意味的做法，居然沒有被大家注意到。

日前，還有一位偷偷登上一艘希臘貨輪的阿富汗人，被人發現後，被當成恐怖分子鎖在貨輪內，而前去處理的港務局和媒體，只是像看猴子似的聽他用哀求的語氣和破破的英語，不停地說：「Let me go.」港警不但沒有發揮人道精神把他放出來，還跟記者說會加強注意他的動靜。現在這個可憐的阿富汗人可能還是被鎖在一個不到三平方公尺的小格室裡。

人的痴迷，就組成了一個無形的囚籠，深深地讓無辜的人受困其中，任由受難者痛苦地哀嚎，也可以聽而不聞、視而不見。

你還相信戰爭會帶來正義嗎？你還相信公理的存在嗎？就像在澳洲一塊反戰遊行的牌子上所寫的：War leads to war。

歷史的教訓告訴我們，戰爭只會帶來多的戰爭，「以暴制暴」只會變成「以暴易暴」。

如果人類無法去除人性中的「貪、嗔、痴」，我們又如何在新世紀中活出新的生命，活出新的希望呢？

失去一切的工作狂

在911發生後的美國 Newsweek 新聞雜誌中，大家都看到了一幅駭人的景像，一棟大樓的幾個樓層烈火熊熊、濃煙四起，一個穿白襯衫西裝褲的男子沿著突出的窗戶順著牆壁想要爬到下一層，身旁離他大約三十公尺處，有一個正往下墜落張開雙手雙腳的人。這些逃生不及的人，想必已成了恐怖攻擊下的一縷冤魂。

看著這張照片，我突然想起了一句古語：「天地不仁，以萬物爲芻狗。」

災難發生時，上天並不會因爲一個人是好人而讓他活著，也不會因爲一個人是壞人而讓他死，而是一視同仁讓災難發生在該發生的人身上，也不管他們願不願意。

在這次事件中，有一位印度的孕婦走了七十多層的樓梯而安然無恙，也有人身強體健卻不知危險將至選擇留下，慘死在烈焰和石塊之中，這些選擇留下的人可能是對自己的工作有一份責任感，對自己的事業有一份企圖心，但是他們卻忽略了各種隨之而來警訊，以至於成了無辜的受害者。

想必他們面對死亡的那一刻絕對不是在想還有那些工作沒做完，而是對家人的不捨，對人世的眷戀。

當我在美國時，都會準時收看的一齣電視劇，在這齣電視劇中，每一集都會出現一個在人世間還有未完的心願的鬼魂，經過穿著類似法官服裝的上帝允許後，一位天使就會帶領這個凡人看不見的鬼魂回到人間，這個天使要在三天的時間內，和這個鬼魂一起完成他死後的遺願。每一集都有不同的鬼，每個鬼都有他們不同的要求，天使也會一一完成他們的心願。

我注意到的是，沒有任何的鬼魂在獲得回陽間的機會後，還會執意要天使去完成他們在工作崗位上未完成的工作。每個鬼魂都要天使陪他們回家去探望家人，例如一位與兒子早就斷絕關係的父親，要求天使去告訴他兒子，「我永遠是愛你的。」

另一個工作認眞到沒能來得及參加女兒畢業典禮的父親，急著要天使帶他去參加女兒的大學畢業典禮。

人對事業總有一份執著，但有時侯這一份執著，卻讓我們忘了家人的感受，常常面對危險而不自知，因而付出了許多無形的代價。

很多人做事情，總是一副捨我其誰的心態，好像全世界的人，都沒有一個人可以取代他的位置似的。而這種人一旦認爲自己是奇貨可居時，就沒有辦法想到「居安思危」。等到有一天早上到公司上班，開了電腦之後，才發現老闆發了一封電子郵件要你回家吃自己。

你心裡面可能還是想著，等著看吧，沒有我，你們不出三天就會來求我回去的。但是左等右等，卻只等到了這個公司業務蒸蒸日上的消息。

因為每個人在現代社會錯綜複雜分工精細的機器中，都只是一顆小小的螺絲釘，在你的專業領域中，永遠都會有比你厲害的高手。

一顆磨損殆盡的螺絲，絕對會被另一顆螺絲取代。

今天就算布希總統遭受暗算，還是有人會頂替上來，美國還是繼續富強，世界還是會照常運作。

所以，這世界上沒有什麼工作是「捨我其誰」，是沒有什麼職位是「非我不可」，也沒有什麼工作是值得你去「賣命」的。

很多時候就因為對工作的執著，我們忘了去察覺近在咫尺的危險，也忘了去傾聽內心最深沉的聲音。

韓國同學參與女兒成長

我有一位從韓國來的同學，年屆不惑的他，是韓國最大通訊社的副總編，每天都忙到超過半夜才拖著疲累的身體回到家，和女兒時常一個禮拜見不到幾次面，就這樣過了十幾年後，他忽然想開了馬上以申請短期出國進修的名義帶全家到美國定居，他的課業和我們比較起來是簡單得多了。

我常笑他是來度假不是來唸書的。他的行程非常固定，不是打高爾夫或上游泳課就是接送女兒上下學。

有一天他語重心長地跟我說，他來這裡的主要目的，就是要對他的女兒有所補償。

「我在她成長的十幾年期間幾乎是天天缺席，現在是我陪伴她成長的時候了。」

他的女兒已快要申請大學了，他如果再不把握住這個 Once in a life time（一生只有一次） 的機會，就只能後悔一輩子。

這位韓國朋友把握他的機會，而你呢？

我們總是流連書店對某本書情有獨鍾，隔天再去買時，卻已經下架了。

我們總是告訴自己有賺錢後要帶父母去國外觀光，等到有車子房子之後再有閒錢時，父母也已經老得走不動了。

我們總是告訴自己要抱起自己的小孩，讓他知道被呵護的滋味，等到真正去做時，才發現他已大得抱不動了。

很多事情一旦錯過時機，等到事過境遷，就永遠也沒有補償的機會。

無法彌補的悔恨

在大學打工時，剛到的頭幾天，就交了一個新朋友，她是個活潑善良的女孩子，怕菜菜的我會怕生，時常會找我聊天，還跟我說再過幾天就是她的生日。

我想寫一張卡片給她，預祝她生日快樂，卻遲疑了一下，「明天再說吧！」我在心裡想。但是上天並沒有給我說出口的機會。

隔天上班時，就聽到她車禍逝世的惡耗，她在回家的路上被一輛小客車撞倒，頭部血流如注送醫急救不治。她的生日剛好是她的頭七，當晚我在懊悔中，輾轉難眠。

上天很公平地給了每一個人一天的時間，有些人過得渾渾噩噩只是在混日子，也是過一天；有些人把握住時間，做該做的事，愛該愛的人，把每一天都過成特別的一天。

你要怎麼過你的每一天呢？

無限正義？

美國這次打擊恐怖分子的軍事行動代名是「無限正義」，但是我卻看不出美國的復仇之舉有任何的正義可言。

沒有證據直指賓拉登涉案就強迫阿富汗交人是正義嗎？

威脅這個國家不交人就要開打是正義嗎？

對很多原已飽受飢渴卻還要翻過崇山峻嶺前往鄰國避難的阿富汗人是正義嗎？

警告其他袖手旁觀的各國如果不支持就會被當成恐怖份子的同路人是正義嗎？

我們總是要有仇報仇，爲無辜的受難者尋找正義，但可笑的是正義在人類文明史上從未出現過，人類文明的巨船在歷史的血河中朝著正義的海市蜃樓駛去，卻無視於兩岸受難者痛苦的哀嚎和家人心痛的哭泣。

正義從未出現也不會出現，人類只是高舉正義的大旗把苦痛加諸在無辜無助的人們身上，再踩著別人的屍骨往上爬。而這些人通常就是那些能化危機為轉機，名垂千古的大英雄，畢竟亂世出英雄，沒有人民顚沛流離的亂世，又怎有建立豐功偉業的大英雄呢？正義的大旗只造成更多人的犧牲，而更多的犧牲，只會讓更多的人用他們自己的方式，去尋找他們心中的正義。

這次大部分的國家在美國「不是朋友就是敵人」的理論下紛紛表態支持。畢竟「西瓜偎大邊」，國際上利益為上的糾葛，只會「道義放兩旁，利益擺中間」。有的要派軍隊供美軍調遣，有的要提供基地供美軍使用，有要提供賓拉登藏匿處的情報，有的馬上和阿富汗斷交，有的要清查帳戶切斷賓拉登的經濟命脈。

每個國家都藉由支持美國的舉動想要獲得某種程度上的利益。

法國素來與美國不合，很多國際議題上都喜歡與美國唱反調，非常排斥英語和美國的好萊塢文化。但是這次法國總統卻因在國內弊案纏身，馬上高唱軍援美國，試圖移國內反對他的聲浪。

織。

蘇聯也想藉由支持美國的反恐怖主義來對付國內想爭取獨立的回教組織。

巴基斯坦更是這次911美國國難的大贏家，美國爲爭取巴國的支持，大方地免了巴國的四十億美元外債，提供經濟援助，還解除了對巴國實行三年的經濟制裁。

巴國馬上不顧和阿富汗長期建立的密切關係，馬上宣佈願意充分和美軍合作。

美國危機處理表現良好的布希、國務卿包威爾和紐約市長朱利安尼的政治前途也水漲船高。這個危機在他們心中就是轉機。

笨得像頭豬的阿富汗

而唯一倒楣受害的就是收容賓拉登的阿富汗。

放眼望去，這世界上也只有阿富汗這個笨國家才會在賓拉登走投無路的時候收留他，難怪阿富汗的生活還停留在十六世紀中東的生活水準，並且冒著被強國攻擊的危險，放著暗盤底下白花花的銀子不拿。

所以冷眼旁觀的我們和我們的下一代，就可以得到了一個「寶貴的教訓」。那就是當收容了一位無處可去的朋友後，如果追殺他的人一方面威脅你交出他，一方面又私底下要塞錢給你的時候，千萬要趁還有利用價值的時候出賣他。畢竟人一生中所交的朋友中可以帶給你實質利益的不會有幾個，千載難逢的發財機會更是少之又少，所以此時如果顧及朋友道義，那麼就眞得是和自己的口袋過不去了。

至聖先師孔子以前總是告誡我們對朋友要講信義，不可以因危急而背棄朋友，但是他卻從沒告訴我們背叛朋友的種種好處，可見孔子不只是人家說的腐儒，還是擋人財路之輩。

在史記的刺客列傳荊軻中，秦國的樊於期得罪了秦王，樊於期的家人親族七十餘口也因此被秦王滿門抄斬。燕太子丹就收留了無處棲身的樊於期。太子丹手下的鞠武就力勸太子丹把樊於期放逐到北邊的匈奴，才不會引起秦國攻打燕國的藉口。

重信義的太子丹馬上心軟地說：「樊將軍就是被逼得走投無路才來投靠我，我怎麼可以將他放逐到北方呢？我一定會保護他直到我死的那一天。」

結果荊軻刺秦王失敗後，秦王發起兵馬強攻燕國，燕王聽信小人之言，以爲把自己的兒子太子丹殺了，秦國就會停止攻勢，於是馬上割下太子丹的人頭獻給秦王，秦國還是沒有打消吞併燕國的念頭，一舉殲滅了燕國。

原來，司馬遷就是要在史記中告訴我們，不出賣朋友的結果，就是會像太子丹一樣落到身首異處的下場。

所以這就告訴我們要趕快去收容遭難的朋友，因爲有一天我們就可以因朋友的「奇貨可居」而受益無窮啊！

由此可見，司馬遷的史記，比起記錄孔子言行的倫語還來得實用。

如果你是阿富汗的話，你會怎麼做呢？

對人性的剖析，大致上，我們可分爲四種類型。

出賣朋友型：對這種人而言爲了朋友和一堆人作對是絕對划不來的，所以當朋友的對頭上門來時，不用他們出言恫嚇裝腔做勢就要趕緊做個順水人情，馬上把朋友交給「正義的一方」。

遠離是非型：就像是鞠武給燕太子丹的建言一樣，大方地承認無力庇護這位朋友並力勸他找下一個棲身之所，另一方面公開和他撇清關係，雖然有點對不起朋友，但也不失爲一個遠離禍患，趨吉避兇的做法。

提高價碼型：這種人深知討價還價，奇貨可居的道理，對於別人要求交人的威脅表現得毫不在意，私底下卻是對對方提出的價碼不滿意，等到價碼提高到一定的程度，馬上將朋友五花大綁，一手交錢一手交貨，然後在家門口貼上一張朋友洋洋灑灑的十大罪狀，把出賣朋友的行爲美化爲爲民除害的正義之舉。既有裡子也保住了面子，可以說是最高竿的危機處理的手段，也展現了人性中最醜陋的一面。

寧死不屈型：這種人就像是目前死不交人的阿富汗（我們還不能確定阿富汗到底是什麼型）。而對千軍萬馬的恫嚇和白花花銀子的誘惑，全世界大概只有阿富汗有勇氣大聲說：「No way!」還敢取笑強大的美國和他的嘍囉是只敢在門外叫囂不敢進門要人的膽小鬼。

阿富汗所展現的「貧賤不能淫，富貴不能移，威武不能屈」讓我深深折服，但一方面，我也爲阿富汗的下場感到憂心，深怕受眾國圍攻的阿富汗萬一戰敗，豈不是又給了我們下一代一個好心沒好報的例子？

我彷彿可以看到一幅景象——到時候人人以出賣朋友爲榮，年年盛大舉辦出賣朋友的奧斯卡最佳出賣獎，並選出出賣朋友並從中獲利最多的人爲優勝者，前十名入圍者除獎金外還可獲得直接保送全國十大模範青年的資格；出版社也與他們密切合作，以他們的寶貴經驗出版一系列賣友理財致富的書；經紀人也忙著簽下這十位入圍者，想要把他們塑造成偶像級的「F10」或「十月天」。各大黨派也積極運作搶人動作不斷，想要藉這些人的經驗從中學到出賣同志求取最大勝利的手段……

人類的世界末日，大概也不遠了。

第七章

人生危機管理教戰守冊

以別人的危機為自己的教訓

唐太宗說：「以銅爲鏡，可以正衣冠；以人爲鏡，可以知得失；以史爲鏡，可以知興替。」

但人類自發明文字記錄歷史以來，我們可以歷史中發現人類還是一直在犯同樣的錯誤，就像我之前舉的例子，兩千年前劉邦可以爲了大局，假裝腳部中箭去控制損失範圍，但兩千年後，失去抽水站的市府卻沒有通報中央或警告民眾去減少受創區域。

如果今天我們能夠由別人的例子中去警惕自己，或者是從自己的切身之痛中吸取教訓那麼暗中潛伏的危機就會隨著我們豐富的經驗和高度的警戒心一一消失，就像是小時候出水痘，長大以後就會對水痘免疫的道理。

一旦我們吸取教訓後，我們就可以建立一套防範危機的機智，這個機智就個人而就可能只是一個無形的危機意識讓自己知道如何去偵測危機、應付危機。對於企業就可能是一個有形的危機管理計畫書，讓企業領導人認清危機的根源，再防範於未然，或是當危機出現後，適當明快地進行危機處理。

方經歷過九二一大地震的我們，一定能了解地震的可怕，因爲地震就好像危機一樣充滿了不確定性，就算最新的科學儀器也無法準確地預測何時何地有地震會發生。

遠在地球另一端的墨西哥首都，也曾發生類似九二一規模的大地震，這個地震規模不大，但是因爲墨西哥市的地質是由軟土構成的沈積岩，這個軟土結構更增加了地震的威力，造成七百多棟大樓倒塌，一萬多人死亡，在瓦礫堆中救出的生存者只有區區一百七十餘人。

自從這個地震重創了墨西哥首都後，墨西哥政府決定建立一套地震警告系統，當地震的前震超出一定的規模時，這套系統就會以光速啓動各處廣播站，警告民眾儘速撤退至空曠的場地。根據地震學家估計，這套系統可以在致命的主震來臨前能給民眾一分鐘的時間撤退至安全地點，這一分鐘就成爲了救命的黃金一分鐘，地震能造成的災害也被減低至最低的程度。

反觀我們在九二一之後，政府並沒有建立任何的預警系統，因爲認命的我們，還是把地震當成了無法預測的危機，這一類的危機固然無法防止，但我們只要吸取別人和我們經歷過的教訓來建立防範系統，就能把大危機轉變影響較小的危機。

所以小至個人，大至群體，都要以別人的和自己的經驗爲鑑，才不會重蹈覆轍，一再的引發相同的危機。

以「非平常心」處理危機

危機之所以會發生，就是利用我們人性中積性難改的缺點或是企業策略的盲點掩護下步步近逼，等到危機發生後，我們只會手忙腳亂地進行危機處理，還是看不到自己的盲點，危機也就會一而再再而三地發生。所以每一個危機都是我們以平常心處理事情之下的產物，而對付這些非平常的危機，這時候就不能用現有的觀念、態度去處理危機。

清朝的雍正皇帝就提供我們一個用非平常心去處理危機的例子。

話說雍正年間，由老將阿爾泰駐守在新疆的營寨受到了三千敵軍騎兵的偷襲，清軍死亡共計七十多人，敵軍則有二百多人，但是敵軍卻搶了三千石糧草，並燒毀了另外七千石。阿爾泰將軍以軍糧不足爲由向朝廷要了一萬石，並以殺敵有功之理由向雍正討賞。

賞罰分明的雍正皇帝對阿爾泰糧草被搶還有臉邀功的行爲大感震怒。馬上下令擬旨，要阿爾泰在半個月內戴罪立功。此時大臣紛紛表示反對，其中一位王爺就說，阿爾泰是位受人尊敬且能在大漠荒煙吃苦的好將領，如果因爲這個小小的挫敗而怪罪於他，那麼就有軍心動搖的危險，倒不如賜他一萬石糧草，並給予獎賞，再命令他「乘勝追擊」，務必要剿滅敵軍。

雍正皇帝在斟酌情勢之後，也只好摸摸鼻子，下旨表示嘉獎之意。

如果雍正用他平時賞罰分明的平常心去處置忠心爲國的阿爾泰，那麼在荒漠中執勤數年的老將阿爾泰，一定會對皇上的做法感到寒心，他大可告訴雍正沙漠中不適合軍隊久駐，再把軍隊退回較安全且適合人居住的地方。萬一新彊敵軍趁勢進攻，一定會造成大清相當程度的損失，那麼雍正豈不是因小失大，創造了更大的危機？

在我們平常心下成長茁壯的危機就好像是變種的病毒，如果我們只是以現有的藥劑想要去解除危機，那我們只會病入膏肓，越陷越深。

但我們在危機管理中如何以「非平常心」去面對問題呢？這就是我們在人生危機管理中將要談到的下一個重點——累積管理危機的資本。

累積管理危機的資本

對付非常的危機就要有非常的方法，但是如何讓自己跳脫「自我設限」的盲點，用宏觀的角度去處理危機呢？

人受限於身高視野有限，但是如果我們能搭建一個高聳的平台，就能夠登高望遠，寬廣我們的視野，看到我們平常看不到的危機。要搭建一座個人的平台，平時就要多充實「專業」以外的知識，以個人達觀的睿智和豐富的學識去應付外界瞬息萬變的危機，要搭建一座企業的平台，就要多增加不同領域的專業人士，才能夠以多方面的角度來偵測危機，解除危機，為企業創造生機。

我在週末時，都在圖書館的影印部打工，由於工作實在是輕鬆得可以，時常有機會找顧客聊天，也結交了不少朋友，其中一位朋友就是剛拿到博士學位的的Mary，她告訴我她即將去別的學校洽談擔任教授的工作機會，因為在美國稍有規模的大學中，任用自己學校畢業的學生爲教授是一項大忌，注重學術素質的美國大學極少任用自己的學生，才能讓從別學校畢業的博士、碩士形成新血輪，注入學校生生不息的學術命脈。而一個企業也需要一些非專業人士加入公司危機處理的團隊讓企業的思考模式跳脫出本位主義的框框，才能查覺平常偵測不到的危機。

我們面對的世界，是個錯綜複雜、變化萬千的世界，而身處非常的時代，就要有非常的心態。處在現實環境的我們不能再因循苟且，按照舊觀念繼續走過去的老路子，因爲故步自封不求長進的個體，終究會被奔騰前進的潮流所淘汰。

清朝中期所採用的閉關自守政策就是隔絕了外界的資訊和科技，而別人在進步，原地踏步的清朝相對地就是在退步。這也就是爲什麼清朝末年在列強以船堅砲利步步進逼時，清朝還是活在過去大清帝國的光榮裡，對近在咫尺的危機渾然不知，終究還是變成「人爲刀俎，我爲魚肉」，被列強打得落花流水，只能以割地賠款苟延殘喘。

建立危機管理的體制

在這次的九一一事件中，我們可以看到布希從容不迫處理危機的氣度，但是照理說他應該會為了協調指揮救災和追緝兇手這些事而忙得焦頭爛額，分身乏術，但是為什麼我們總是在鏡頭上看到他為處理外交事務，或接見外國賓客卻很少見到他指揮救災的一面呢？這都要歸功於美國行之有年已成優良傳統的政府機置。

早在卡特總統的時代，就成立了聯邦緊急管理局負責指揮第一線的救災工作，而在災難發生後，紐約州政府、紐約市政府甚至是軍方都完成了職責內應盡的責任，盡速清理災區，並回復紐約市的生活機能。所以有了這些無形的資源和有形的機制在背後支持，布希才能無後顧之憂地在國際間合縱連橫展開打擊恐怖主義的行動。

這就是為什麼在現代社會中一再強調的「法治勝於人治」的觀念。當國家成熟到有能力建構一套完善的系統後，無論這個國家領導人的聰明才智、辦事能力、個人魅力是好是壞都無所謂，只要危機發生後，領導人底下的團隊能夠根據分配的職務各守其責，各盡其份，每個人都做好份內的事，那麼無形中危機所能造成的影響也被化解了一大半，這時領導人只要收拾殘局，發表一些安撫人心的演講，別人就會對他危機處理的能力另眼相看。

所以如果我們要深入探討爲什麼就任總統不到一年的布希會表現良好，就要把他的光環歸功於美國「前人種樹，後人乘涼」的政治結構。

我們也可以把這個道理用在個人的危機處理上，平時我們就要用居安思危的角度去累積自己對抗危機的資本，這個「資本」可能是有形的金錢，也有可能是無形的知識或制度，端看危機的種類而定。

這次回台灣時常聽到一些幾年前是千萬富翁的朋友哭窮，細究其原因就是他們在經濟一片光明時，誤以爲這是經濟的常態，卻看不到即將來臨的經濟黑暗期，等到經濟全面下挫，他們的股票淨值下跌時，他們也不改亂花錢的習氣，這樣幾年的入不敷出後，縱有金山銀山，還是有垮台的一天。

所以我們在危機管理的心態上就要未雨綢繆，還沒下雨的時候就要想到買把傘，而不是下雨之後才急著找把傘。危機出現之時，我們會手忙腳亂、窮於應付，還是會發揮泰山崩於前不改其色的鎮定，關鍵就在於我們的平時的準備工夫做的夠不夠。俗話說「養兵千日，用在一朝」，處理危機就像打仗一般，如果我們平常就沒有建立軍隊，等到要打仗的時候才要緊急動員、教育訓練、購買武器，軍隊都還沒成立危機早已兵臨城下。

企業的危機管理也是一樣，在賺錢的時候如果只是一味的借錢擴張以債養債，等到生意不好的時候，才急著要向銀行借錢，此時企業的生存權也就被控制在別人的手裡，而就算安然渡過危機，也是創造了更大的危機。

所以還是老話一句「居安思危」，時時提高警覺化解即將要發生的危機，並事先累積應付危機的資本，才能在危機來臨後，從容不迫鎮定自如地處理危機。處處防堵危機固然不可能，但我們只要以大禹治水的疏通方式去處理危機，相信必能順利化危機為轉機，再造個人、企業和國家的新生命。

新社會——管理 01

六十秒人生危機管理

美國911危機管理啓示錄

策　畫　彭思舟
撰　寫　羅振軒
總編輯　陳惠雲
主　編　諸韻如
校　對　楊淑圓、彭思舟、羅振軒
出版者　匡邦文化事業有限公司
聯絡地址　106台北市羅斯福路四段200號 9 樓之 15
E-Mail　dragon.pc2001@msa.hinet.net
網　址　www.morning-star.com.tw
電　話　(02) 29312270
傳　真　(02) 29306639

法律顧問　甘龍強律師
初　版　2001年11月
總經銷　知己實業股份有限公司
郵政劃撥　15060393
台北公司　106台北市羅斯福路二段 79 號 4 樓之 9
電　話　(02) 23672044・23672047　傳真：(02) 23635741
台中公司　407台中市工業 30 路 1 號
電　話　(04) 23595819　傳真：(04) 23595493

Printed in Taiwan

國家圖書館出版品預行編目資料

六十秒人生危機管理：美國911危機管理啟示錄／羅振軒著，--初版，--臺北市：匡邦文化，2001〔民90〕

面：　公分--(新社會——管理：01)

ISBN 957-455-091-5（平裝）

1.謀略學

177　　90017813

讀者回函卡

您寶貴的意見是我們進步的原動力！

購買書名：六十秒人生危機管理

姓名：________________

性別：□女□男　年齡：______歲

聯絡地址：____

E-Mail：____

學歷：□國中以下　□高中　□專科學院　□大學　□研究所以上

職業：□學生　□教師　□家庭主婦　□SOHO族

□服務業　□製造業　□醫藥護理　□軍警

□資訊業　□銷售業務　□公務員　□金融業

□大眾傳播　□自由業　□其他

從何處得知本書消息：□書店　□報紙廣告　□朋友介紹　□電台推薦

□雜誌廣告□廣播　□其他

你喜歡的書籍類型（可複選）：□心理學　□哲學　□宗教　□流行趨勢

□醫藥保健　□財經企管　□傳記

□文學　□散文　□小說　□兩性

□親子　□休閒旅遊　□勵志

□其他

____

您對本書的評價？（請填代號 1. 非常滿意 2. 滿意 3. 普通 4. 有待改進）

書名______ 封面設計______ 版面編排______ 內容______ 文／譯筆______

讀完本書後，您覺得：

□很有收穫□有收穫□收穫不多□沒收穫

您會介紹本書給你的朋友嗎？

□會　□不會　□沒意見

（貼郵票處）

106　台北市羅斯福四段 200 號 9 樓之 15

匡邦文化事業有限公司　編輯部　收

地址：______縣／市______鄉／鎮／市／區______路／街
______段______巷______弄______號______樓